「無理しない」地域づくりの学校

「私」からはじまるコミュニティワーク

監修● 岡山県社会福祉協議会
編著● 竹端 寛・尾野寛明・西村洋己

ミネルヴァ書房

はじめに——この学校はどういう取り組みなのか

　この本のタイトルは，『「無理しない」地域づくりの学校』，これは，僕たちが実践してきた講座の名前である。そしてそれは，「無理しない地域づくり」とは何なのか？ということを考え続けてきたプロセスでもある。この本で，僕らは，いったい何を伝えたいのか。

　まずは，簡単にこの学校の取り組みを紹介したい。

本音の人づくり・地域づくりを目指して

　この学校は，岡山県社会福祉協議会（以下，「社協」）が2015年度から始めた本気で地域づくりに取り組む人材を育てるための講座である。社協職員をはじめ，多くの福祉職は，制度の枠の中で仕事をする「立場」を与えられ，「仕事だから」という理由で地域づくりをしているのではないか。しかし，それでは，住民を巻き込むことはできないのではないか。もっとみんながワクワクして，地域づくりを自分事として取り組むことはできないだろうか。そんな悩みからスタートした。

　この講座を立ち上げたキーパーソンは竹端寛，尾野寛明，西村洋己の 3 人。はじめから，こんな講座をしたいとはじまったわけではなく，出会いの中で作られてきた。学校ということで，西村は用務員として場を設定し，竹端は校長，尾野は教頭という役割を担っている。校長が「内省」を促し，教頭は「行動」を促す。そしてそれを仲間とともに進めていくというのが，この学校の特徴だといえる。講座が立ち上がるまでについては，本書の第 3 章に書いたので，詳しくはそちらを参照してほしい。

モデルは「起業しなくても良い塾」

　講座では，受講生はマイプランという，自分の関心のあること，やりたいことを地域の課題，めざす社会像とすりあわせ，そのために自分が取り組むアクションを考えていく。各回の構成は，前半はゲストを招いて話を聞く時間，後半は，受講生によるプランのプレゼンを行う。ゲストや他の受講生からアドバイスをもらい，中身を練っていく。これを最終回まで繰り返す。これは尾野教頭が各地で実践している「起業しなくても良い塾」の取り組みをモデルにしている（くわしくは本書第**4**〜**5**章参照）。2期目となる2016年度は，社協職員の他に，ケアマネジャー，障害者支援施設や特養の相談員の方など，10名が受講した。

マイプランをつくることで，自分と向き合う

　このマイプランは，つくる過程にいろいろな大事な要素を含んでいる。大きく分けると，①自分自身と向き合うこと，②小さいチャレンジをすること，③それを仲間とつくっていくことの3つである。「①自分自身と向き合う」とは，自分自身の内なる声との対話を行うことで，色々な話を聞く中で，自分自身の経験や感情と照らし合わせながら，自分事として受け止め，感じることを言葉にしていくことである。これを竹端校長は「垂直の対話」と呼んでいて（くわしくは本書「おわりに」を参照），学校のはじめには校長からのお話として伝えている。この「私」と向き合う時間を通して，自分は福祉の仕事を通して，それ以上に人生を通して，本当に何をやりたいのかをひたすら考えていく。そして，それは自分がどうありたいのかにつながっていく。

　そして「②はやってみたい」と思うアイデアを少しずつ小さいチャレンジをくり返すことで形にしていくことである。③としてこれを一人ではなく，同じ受講生が，悩む姿，チャレンジした姿を見ながら行うことは，大きな意味がある。この3つのどこに比重をおくかは，受講生によってかなり異なっている。

　また，ここでできたつながりは新たな場を生み，地域の月1の酒場企画など，

ユニークなイベントがどんどん派生している。2016年11月に行われた最終回では，9人の受講生が参加して，マイプラン発表を行った。時間にして，一人たったの15分だったが，半年間の自身の変化をふまえ，想いを語るプレゼンは，まるで映画を見ているような感覚だった。

「無理しない」とはどういうことなのか？

学校の第1期のチラシ（52頁参照）では，尾野教頭の言葉を活用して「元々の自分を活かす。一人でやらずに仲間を作る。」という説明を書いた。今，説明を加えるならば，立場の自分の後ろに素の自分を隠していない状況のことだと伝えたい。つまり，「私」のない地域づくりになっていることが，無理している状態ではないかということである。

たとえば，あなたが社協職員として地域に出向いたときに，住民の人に話しているその言葉は，あなた自身が本当に納得して，この地域に必要と思って伝えているのか，自分自身が，本当に納得して伝えているのか。そういうところを大事にすべきだと思う。

立場の私から本音の私へ

「私が変われば，地域も変わる」。これは，竹端校長の言葉である。今の地域福祉の実践は，「立場」が前にでていて，「私」のない地域づくりになっていないか。本気で地域づくりをやっている人は「立場」でなく，「私」を出発点にしている。それは，「本音の地域づくり」でもある。本気で，自分事として，ワクワクして地域づくりを行うためには，この「私」という存在を見つめ直す場をつくることが，必要ではないかということを強く感じている。

ただし，この「私が変われば，地域も変わる」という言葉は，けっして「私が変われば，世界が変わる」というような，自己啓発的な意味ではない。つまり，この場は，私を理想の職員像に向けて，成長させることではない。この学校で大事にしている「私が変わる」というのは，立場の私だけでなく，本音の私を大事にするということ。実際に，この学校を進めるなかで，受講生に起こ

はじめに　3

ったプロセスがまさにこれである。

一人の受講生の言葉を紹介したい。「はじめは『垂直の対話』と聞いてもわからなかった。でも，まさにそれを体験した。このプランを人生の道筋にしていきたい。地域に出ることが楽になった。この場にきたことで，表面上は変わってないように見えるかもしれないけど，心の奥の方で変化が起こっている気がする」。そんな本音と，少しの変化を大切にしたいと思っている。

本書の見取図──第Ⅰ部

さて，以下では本書の見取図を示しておこう。この本は三部構成になっている。

第Ⅰ部においては，僕たちが既存の何に対してどのように「挑戦」しようとしているのか，を整理した。第**1**章では，編者三人の対談形式の中で，「地域福祉」と「まちづくり」が，しばしば同じ事を目指しているのに，全く違うアプローチで行われてきたことに対する違和感や，その二つを「私」を軸にしてどうつなげるか，が語られる。福祉現場の人材育成の限界や，それを超えるマイプランの可能性など，この本が作られるまでのプロセスが対話の中から明らかになる。この章だけざっと読んでくださると，本書の大まかな流れや主旨が理解できるだろう。

第**2**～**4**章までは，編者三人による「自分語り」である。第**2**章は研究者の竹端がソーシャルワーカーの地域づくりに感じた魅力や，厚生労働省の「地域づくり」政策に感じるうさん臭さ，そしてソーシャルワーカーの変容を巡る限界と，それを超える「可能性」を論じる。第**3**章は社協職員の西村が感じた社会福祉協議会という組織への限界と，その限界を超え「地域福祉をときほぐす」日々の実践，そしてこの学校を「主催」するプロセスを通じて見えた「私」という存在を巡る物語が語られる。第**4**章は地域づくりを実践してきた尾野が，地域づくりの人材育成の場としては異例の「起業しなくても良い塾」として「幸雲南塾」を立ち上げ，そのモデルが全国に展開されていく流れを整理する。そして第**5**章では，このように全国各地で「人づくり・地域づくり」

を仕掛けてきた尾野が，彼が手がけてきた人材育成の手法やノウハウの「極意」を惜しげもなく開陳する。また，「無理しない」地域づくりの学校における受講生と主催者の相互関係や，人づくりのプロセスを一望することができる。

本書の見取図——第Ⅱ部

第Ⅱ部においては，僕たちの「学校」によって変わっていた人びとの声や実感をお届けする。第**6**章と第**7**章は，「一期生」の二人が登場する。第**6**章では，「どうにか現状を変えたい」けど「何をしたらよいのかわからず結局何もできない日々」を過ごしていた難波が，この「学校」との出合いをきっかけに，様々な人と出会い，公私混同のなかで人とのつながりを広げ，職場内外で小さなトライアンドエラーを重ね，「小さな成功体験」を積み重ねたプロセスが語られる。第**7**章では，仕事のなかで感じる葛藤やモヤモヤを「まあ仕方ない」とそのままにしていた森が，この「学校」との出合いを通じて，一緒に活動する仲間づくりから始めようと地元で職能団体を立ち上げ，その団体の運営をしながら個人としても様々なアクションを展開するなかで，「自分の本音をさらけ出したら自然に共感や協力してくれる人が現れる」プロセスを表現している。

第**8**章は，受講生の変容ではなく，携わる事務局スタッフの変容が主題となる。岡山の「学校」から1年後，京都府社協でも「コミュニティーワーカー実践研究会」と題して，竹端が関与したマイプラン作成の講座が開催された。その主催団体の事務局である北尾・西木が，悩める受講生と同じように「ゆれながら」人材育成の場づくりにチャレンジしていくプロセスが綴られている。ダイナミックな人づくりの場は，主催者・講師と受講生の相互の共鳴・共振がその原動力になっていることが読み取れるだろう。

本書の見取図——第Ⅲ部

第Ⅲ部「担い手育成の可能性」においては，これからの「地域×私×福祉」を切り拓く担い手をどう育てるか，がテーマとなる。第**9**章では，組織人で

はじめに　5

もある西村が，県社協という組織の強みを活かしながら，「学校」という「場」を主体的に作り上げる事を通じ，地域福祉を自分事にするプロセスと，それが人材育成に与える相互作用が綴られている。第**10**章は，地域福祉とまちづくりの接点を生き続けた尾野自身の15年間の実践プロセスが主題化されている。これは尾野自身の「無理しない」実践の「自分語り」であるが，地域福祉やまちづくりにおける「負の循環」を「正の循環」に変える極意も示されている。私たちの「学校」で受講生に体感してもらっていたのも，この循環構造の把握と，悪循環を脱皮するための「レバレッジポイント」の模索だったのかもしれない。第**11**章は，京都府社協の講座受講生の変容プロセスを竹端が分析するなかから，「地域で何とかする」という意味でのコミュニティワークの必要性が語られる。「福祉」という枠組みやタコツボを超えて，地域の主体者の一人として様々な地域課題に出会い，それを福祉的に解決するとは何か，そのために必要な「小さな成功体験」の可能性が語られる。

　そして，「おわりに」では本書全体を通じて見えてきた課題を整理している。

　ざっと見取図を整理したが，あなたの興味や関心に基づき，どの章からお読みいただいても結構です。「無理しない」範囲で，人と場が出会い，そこから織り成される相互作用・相互変容の面白さやダイナミズムを感じていただければ幸いです。

　2017年7月

　　　　　　　　　　　　　　　　　　　　　　　　　　編著者

目　次

はじめに──この学校はどういう取り組みなのか

第Ⅰ部　「無理しない」地域づくりの学校という挑戦

第1章　地域×私×福祉の可能性
──無理しないで地域づくりは可能か

1　社会が行き詰まっているなら，ときほぐそう　2
2　なぜ，いま「福祉」と「まちづくり」のコラボ（が重要）なのか　4
3　トライ＆エラーの機会を奪う制度化　6
4　素面でも本音を聞ける，本音が言える場　8
5　人とのかかわりをまなぶ　10
6　100人力のカリスマでなく，10人力の10人と仲良くなろう　12
7　この本は一体，何の本なのか？　14

第2章　他人事から我が事へ
──福祉の「枠組み」を疑う

1　僕が出会った「地域福祉」　17
2　丸ごと「地域福祉」という幻想　24
3　福祉職員の苦悩　28
4　私発，の可能性　33

第3章　地域福祉をときほぐす
──目でみないで心でみよう

1　地域福祉にこんがらがった僕　40
2　「無理しない」地域づくりの学校ができるまで　46
3　「学校」のはじまり，心でみえたもの　49

第4章 「幸雲南塾」からの全国展開
──起業しなくても良い塾ができるまで

1 「我が事」として地域の課題に取り組む　61

2 「起業しなくても良い塾」のスタート　65

3 経済効果2.2億円，6年間で構築された担い手の輪　68

4 成功の要因は「緩いつながり」　71

5 各地への展開　77

第5章 尾野流「人づくり・地域づくり」の極意

1 企画立案から受講生募集まで──募集までが半分　81

2 講座期間や募集人数の設定──なぜ半年なのか？　84

3 マイプラン作成と講座の進行──いよいよスタート　88

4 講座の中盤〜後半──ここが肝心　96

5 最終発表会　102

6 場の設定方法・雰囲気の作り方──なぜコンクリート禁止？　104

7 受講生と接する方法──謎の温かい雰囲気の真髄　107

8 「無理しない」地域づくりの学校で意識したこと　111

〔コラム1〕 「無理しない」地域づくりの学校の一日　114

第Ⅱ部　私が変われば地域が変わる
——受講生と事務局の成長プロセス

第6章　公私混同のなかで広がっていく人の輪

1　これまでの生い立ちといまの仕事に至るまで　119
2　失敗を避けていた私がマイプランを通して前のめりに転べるように　120
3　空き家活用から地域づくりへとひろがる　122
4　回り道をしながらも職場での枠組みを外す視点を得る　128
5　公私混同のつながりで自分が変わり世界がひろがる　131

第7章　本音が生み出す協力者

1　挫折から毎日がおもろいへ　132
2　受講のきっかけは特に根拠のない直感だった　134
3　ソーシャルな協働チーム「そーしかい」　139
4　ソーシャルワーカー森が「おもろい」を求めて　142

第8章　はじめの半歩を支える ——ゆれる場づくり

1　私たちのモヤモヤ　146
2　ワタシを活かす研修との出会い　149
3　「ワタシからはじまる地域づくり」を実施して　151
4　京都の取り組みで見えてきたこととこれから　158

〔コラム2〕「無理しない」地域づくりの学校ってどんなとこ？　161

第Ⅲ部　地域の担い手育成の可能性

第9章　地域があって私がいて福祉がある
──県社協としてできること

1　場づくりを学びなおす日々　166
2　「用務員」としての私　167
3　では社協はどうすればいいのか　171
4　地域福祉を考えると　174

第10章　地域福祉とまちづくりの接点
──「無理しない」仕事の作り方

1　古本屋が就労支援事業を手がけるまで　177
2　古本屋から「地域の担い手」へ　182
3　どうやって仕事を生み出すのか1：地域自治の一員として　186
4　どうやって仕事を生み出すのか2：担い手という視点　193
5　無理しない仕事の作り方　197

第11章　「私」からはじまるコミュニティワーク
──自分事として地域にコミットする

1　参加した社協職員の変容プロセス　203
2　コミュニティワークへ　212

〔コラム3〕「無理しない」地域づくりの学校開催実績　226

おわりに　228

第Ⅰ部

「無理しない」地域づくりの学校という挑戦

第1章

地域×私×福祉の可能性──無理しないで地域づくりは可能か

・ ・ ・

編著者一同

　「無理しない」地域づくりの学校をはじめたということは，「無理している」地域づくりがあるということである。僕ら自身も無理をしてきたし，無理をさせてきた。そして，今，この国自体が，「無理をしている」と感じる。それを変えようと，いろいろなメッセージがあふれている。スローライフ，ゆるい，といった言葉もそういった状態への警鐘でもあるだろう。僕らは「無理しない」という言葉をつけた。それは，思えば，地域づくりをしている人への「無理しないで」というメッセージだったのかもしれない。この学校は，そういう「無理をした」実践の反省の中から生まれた。

　本章は，本書の編者でもある竹端寛（研究者）・尾野寛明（社会起業家）・西村洋己（社会福祉協議会職員）3名による鼎談を，ソーシャルワーカーの立場からの西村のモノローグをはさみながら書き起こしたものである。

1　社会が行き詰まっているなら，ときほぐそう

　（竹端）　尾野さんは，「何の専門家？」と聞かれた場合に，いつもどう答えているの？

　（尾野）　「掛け持ちの人です」と答えています。あえてそこはこだわっていない。色々，すきまをやっているだけです。今は色々ないきづまりがみえている世の中で，それはもう明らかだと思う。専門性の否定はしないけれど，いきづまりから次へ行くヒントや打開策，新しいものは，なんでもないところにあって，そこから切り開ける境地ってあるんじゃないかと思っている。そしてそ

れは「ちょっと昔に戻っているだけ」だとも思う。

　要は，昔は，専門性ってそんなにかたまっていなかったでしょう。地域の中小企業は，何でも屋，御用聞きだった。経営者は，自治，政治，なんでもやってかつ経営もやっ

▷竹端寛

てきた。経営者の会合をはじめ，色々な集まりに出る。一人いくつも顔がある，それがあたりまえだった。

　でもそれが，専門分化して，それぞれの狭い範囲に配置されるようになってきた。経済が成長して，なんでも右肩あがりの時代はそれでも良かった。けれど，限界がみえてきた。ならば，ときほぐす必要があるのではないかと思っている。

　（竹端）この本のキーワードの一つは「ときほぐす」。この本で紹介する「マイプラン」という手法は，アンラーンと呼ばれる方法にも近い。一度学んだつもりになって凝り固まっているものを，ときほぐし，学び直し，次のブレークスルーにいくプロセス。とはいえ，一つの専門性ではいけないのか？　多職種が連携をすればいいのではないか？　なぜそんな「ときほぐし」が必要なのか？　そんな読者の問いも浮かぶ。

　（西村）この学校の取り組みは，福祉とまちづくりの連携ともいえる。福祉とまちづくりの新しい可能性を探ってきた取り組みだ。でも，福祉の世界で連携というのは，20〜30年前からずっと言われていて，あまり大きな成功はしていないように感じている。むしろ，うまくつながることができず，連携のふりになっている気がする。お互いが自分の専門からは出ようとせず，相手にちょっかいをだして，溝がうまらないまま。今回の「無理しない」地域づくりの学校の取り組みは，それとは，何が違うのか。

　連携の図を描いてといわれると，たいていの人は組織の図を描く。でも，こ

第1章　地域×私×福祉の可能性　　3

▷尾野寛明

の学校でつくっているのは，組織の中にいるすきまの人のネットワーク。立場の人，組織の人でつくるかっちりしたネットワークではないので，いちだんほどけている。ほどけているからこそ柔軟性がある。言葉や図にしにくい連携ともいえる。

（尾野）　仕組みをいくらつくっても，例外がでてくる。仕組みでカバーできないなら，ゆるくほどくことが大事。何かの新しい仕組みができるときには，試行錯誤の段階が必ずあるはず。今，それぞれの専門性の分野で活躍している方も，最初から仕組みがガッチリあったのではなく，そういう試行錯誤のプロセスを経て枠組みができて，その成果を「当たり前の前提」として運用し，活躍している。でも，その枠組み自体が，限界に感じられたときには，もういちどほどきなおす必要があるし，ほどかないと次にいけない。うまくいっていれば，ほどかなくてもいい。でも，うまくいってないなと思うんだったら，こういう動きに耳を傾けて参考にしてもらえたらいい。社会が行き詰まったなら，ときほぐせばいい。この学校はそういう取り組みともいえる。

2　なぜ，いま「福祉」と「まちづくり」のコラボ（が重要）なのか

　（西村）　まちづくりに携わっている人は，福祉の仕事を見たときに疑問に思うことがたくさんあるという。たとえば，福祉における就労支援という仕事は，仕事をつくりだして利用者に提供していくのが，本来の仕事なのに，仕事を探していないように見えることがあるらしい。それに対し「福祉の人（福祉職）ではない」尾野さんは，まず地域の関係者に電話をする。すると時には，電話一本で，仕事をつくりだしている。尾野さんにできていて，福祉職にできてな

いことは何なのか。

　(尾野)　要は，「自分は福祉の人です。だからうちの利用者にできる仕事を提供してください」なのではなく，一人の人間として，あたりまえに地域の色々な課題をみていれば，仕事なんて簡単に見つかるはずです。納品に間に合わなくて，職員が作ってしまっているというような状況はおかしいし，破綻している。それでは，それ以上仕事は増えない。仕事が少ないからと，せっかく働きにきている利用者が暇で，かえって調子が悪くなっているのはどこかおかしいのではないか。

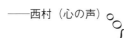

手厳しいように聞こえるけれど，どこかで僕らは，「福祉だから」という理由で，仕事をもらおうとしていないだろうか。

　(西村)　それは福祉職の怠慢だと思いますか？
　(尾野)　そうは思わない，頑張っているけど，まじめすぎる。頑張り方が違うということかな。

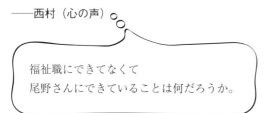

福祉職にできてなくて
尾野さんにできていることは何だろうか。

　(竹端)　尾野さんは福祉事業所を経営しているが，「尾野さん」は，「尾野さん」として，その地域をみて，その地域にある課題を考えて，営業している。なので，その地域で困っていること，人手が足りていない仕事を考えて，それを請け負っている。つまり「仕事がほしい」という自分のニーズを，地域の課題とすり合わせて，そこを結びつけている。もっというと，尾野さんは，「障害者にできる仕事」という発想ではない。地域で困っている仕事を請け負って

第１章　地域×私×福祉の可能性　　5

みて，とりあえずやってみる。一方，福祉の側では，「障害者でもできそうな仕事」を探していないだろうか。とにかく「仕事がみつかればいい」，と思っていないだろうか。地域の課題とすり合わせないと，地域との連携は生まれにくいし，地域の力になれていない。西村さんのいる福祉の現場ではどうですか？

　（西村）　逆に，福祉職でも，この利用者の仕事をつくりたいと思っている人は，面白い作業所をつくっている。そういう人は福祉作業所の勤務時間帯以外でも，地域の飲み会などに，何かない？と出て行っている。むかし作業所というものができたころは，そういう感じだったのかもしれない。「ほどく」というのは，こういうことなのかもしれない。

3　トライ＆エラーの機会を奪う制度化

　（竹端）　この「無理しない」地域づくりの学校でテーマとしているのは，「私」という一人の人間として仕事をするのか，「立場」で仕事をするのか，という問いである。福祉の仕事が制度や事業化されたことによって，「とりあえず仕事だから」という「立場」を押し出してしまう傾向が強くなった。そして，それは，「失敗しても，とりあえずやってみよう」という「私」の姿勢や機会を奪っているのではないだろうか。

──西村（心の声）

福祉の現場では，いったん制度化されて立場ができると，正しさだけを追い求めていれば許される。正しい手続きをすることが，仕事をしていることになってしまう。実は当事者のためにはなっていないけど，給料をもらえてしまうという状況が起きていないか。先ほどの，就労支援を例にとると，仕事を開拓する業務を任された現場の職員は，県の障害者の就労促進支援の機関などに問い合わせをしたら，それで仕事をやったことになる。仕事が十分に開拓できても，できなくても，仕事をやったことになる，そんな状況になっていないだろうか。

（竹端）　制度の枠の中で中途半端な仕事があり，「立場」がいったんつくられると，「自分は立場に守られているんだ」という幻想が生まれる。その枠の中だけで「仕事」をまわせば，なんとなく仕事ができている，という「ふり」ができる。でも，それって本当に支援対象者（利用者）のためになっているのだろうか？　本来，地域の人の幸せを考えたときには，自分の「仕事」を制度の枠の中に限定することなく，もっと広げることはできないだろうか。

（尾野）　就労支援のネットワークやインフラは，使えるなら使えばいいけど，まずその地域の中で支援者自身が色々な知り合いにきいてみればいい。それで，仕事がみつかるときも結構ある。めんどくさがったり，はずかしがったり，夜の飲み会をいやがったり，そういうふうになげだしていないか。福祉の現場を見ていると，制度ができすぎたゆえの閉塞感を感じることも多い。たとえば，よくそうやって仕事を引き受けて，うまくいかなかったときどうするのかと聞かれる。そのときは，謝ればいい。たとえば加工品のサンプルの仕事をもらって，できるかどうかやってみたら，うまくいくこともある，いかないこともある。うまくいかなかったときは，頭下げて返しにいけばいい。それだけです。

（竹端）　日本人は「立場」にこだわりすぎる傾向にあるから，なおさら難しいのかもしれない。

（尾野）　立場も持っていていいと思う。それに加えて，自分も出していけばいい。マイプランシートで意識しているのは，そういうことなのだと思う。最初に配られるシートは1枚目が長い自己紹介。そして2枚目以降にようやくプランを書き始める。多くの人がとまどうのだけれど，結局長い自己紹介をしているうちに共感が生まれる。そんな私のプランは，こんなのです！業務でぶち当たっているこんな壁を解決したいです！という口調で発表していくと，その共感のまま聞いてもらえることになる。立場と理屈だけで押し通せなかったものが，自分自身を全面に出すことで共感が生まれ，なぜか楽しく進められるようになる。そんな可能性を感じ取ってもらえたらと思っている。

第1章　地域×私×福祉の可能性　　7

──西村（心の声）

> 昔，福祉の制度も施設も，何もなかったころ，開拓していった先人たちは，自分で切り開かないといけなかった。自分の顔で，自分の足で歩いて成功する解決策をみいだす必要があった。その努力の先に制度ができた。そこにあったのは，「失敗しても，とりあえずやってみよう」という姿勢だった。それが，いま失われているとしたらどうしたらいいのか。そのヒントが，この学校にある。

4　素面でも本音を聞ける，本音が言える場

（竹端）　この「無理しない」地域づくりの学校の受講生は，この場に通い続け，「内面から変わった」と言う人が多い。この場では，一体，何がおこっているのだろうか。

（尾野）　この学校には，どういう人が集まっているのだろうか。今一度振り返ると，こういう傾向があるのかもしれないというのを，まとめてみた。

> ・そこそこやっているけれど，ばっちりできているわけでもない
> ・周囲から言われたことはできているけど，自分らしく仕事ができているかと言われると，自信がない
> ・くさりかけている
> ・組織を動かせるわけでもない，とびだせるわけでもない
> ・組織や自分が変わらないのは「しかたない」ではなく，どっかで自分が変わりたいと思っている。

私が各地で開いている「起業しなくても良い塾」の福祉版，どうなるのかなと思案の連続だったけれど，やってみてわかったのは，職場を飛び出して独立したい人よりは，むしろ，続けて働いていきたいけど悩んでいる人が向いている場だった，ということかな。

（竹端）　「自分が変わりたい」と思っている人のなかで、「じぶんをみつめる」こと「だけ」に比重をおくタイプの人は、なかなか自分一人では変わることはできないし、どこから変わったらいいかわからない……そんな人が多いかもしれない。変わるための「入り口」がどこにあるのかもわからないし、どこに向かっていいのかもわからない。一人でその「入り口」から中に入るのもこわい……、と。この無限ループのような思考から抜け出すのは簡単ではない。けれど、どこが「入り口」で何から始めなければならないか、を本当は薄々自分自身でわかっていて、周りだってそれに気づいている場合もある。でも、本人からは踏ん切れないし、周りも言えない。

（尾野）　そんな誰もが聞きたかった決定的な問いをなげかけて、お酒の勢いでなく、その答えを聞き出す。この学校では、時としてそんなやりとりも行われた。それは初対面では聞かれても答えられなかったはず。お互いの関係性が構築されたときに、ずばっと聞けるタイミングが訪れる。

（西村）　第1期では、運営側が力みすぎていた面もあり、受講生が凍りついてしまう場面もあった。反面、第2期にもなると、最終発表会も迫る第5回講座に、これまでみなが言えなかった「本音」のカミングアウトが連発し、驚く展開になった。

（竹端）　受講生の発表に対してコメントしている中で、自身は責めているつもりはないのに、受講生から、すごく痛かったと言われた経験が続いた。言われた人は、そのことを誰よりわかっているはずなのに、改めて言われたり、振り返って考えたりする場がなかったということなのだろう。言える場がなかった。たとえ、聞かれても答えられる場がなかった。僕らの学校では、第5回目に、そんな場がつくられたということなのかもしれない。

（尾野）　この場だったらしゃべっても大丈夫かなという安心感は、ここの場で「うっかり」共有したいという気持ちをうむ。本人も言いたいはず、徹底的に考えたいはず。でもどこかで寸止めしたり、なかったことにしたり、どうせ仕方ないとふたをしてしまう。でも、関係性を構築しながら「うっかり」話してもらう。

第1章　地域×私×福祉の可能性

同じようなセミナーや人材育成塾でも，信頼のおけない不特定多数の人に言ったことで，どこかに噂が流れたり，告げ口される怖さがあったりすると，口にできない。でも，あの場だったら理解できるだろうなという，そういう安心感があることは，マイプランの中身の成熟にも，大きな影響を与えていると感じる。素面でも本音を聞ける，本音が言える場づくりは，自分と向き合う時間，きっかけを提供する。

──西村（心の声）

この学校では，一人ひとりのマイプランの内容は異なるので，やっていることは違うけれど，同じ時期に，同じように自分に向き合って，同じような変化を体験する。本質的に自分と向き合うために，他の受講者が自分と向き合っているプロセスを聞く。それが面白い場になっている。自分を変えはじめている，変わりはじめている人と過ごす場だともいえる。ゲストをはじめ，すでに自分を変えた人の話を聞きながら，他の人が変わりつつあるのを見ながら，自分自身がどう変わるかを体感する。自己啓発セミナーでもなく，専門的な技術を学ぶのでも，組織を変える方法とかそういうセミナーでもない。自己啓発セミナーだと，自分だけを変える。技術や知識を学ぶ場だと技術や知識だけを学ぶ。しかしこの学校では，自分を変えることが，周りの受講生も変えていく。そんな場づくりになっている。

5　人とのかかわりをまなぶ

　（尾野）　講座運営に関して心がけているのは，面白いと思って，ここの場に次から次へ人を惹きつけていく，そういう循環ができてくること。技術や知識を学ぶことはいいけれど，自分自身が学ぶのもありだけど，それ以上に，自分より知識のある人とつながる方がよほど知識の習得になる。

　（竹端）　つまり，生きている人とつながることによって，知識をただ教科書を丸暗記するようなものではなく，活きたものとして伝えられるし，伝わるものだと考えているということ。孤独に自習するのではなく，ゲストや「校

長」・「教頭」の生の声に触れ，受講生同士で切磋琢磨する学び合いの場で，お互いの成長を喜び合う関係ともいえるかもしれない。あと，学んでいる内容は，試験で満点を取るための内容ではなく，明日からの世の中へのかかわり方に応用可能な，生きた・複合的な知識，とでもいえるもの。学校や添削のプロセスを通じて，人とのかかわり方の新たな形や可能性を学び，それを自分でも試してみて，生きた知識として体得する場，とも言えるだろうか。かかわることを学ぶ，つながりを豊かにする，というのを実感できるような場や機会をつくっていきたい。

（西村）　僕ら，福祉職はどうだろうか。「個人で習得すること」を重視して，世の中へ応用できるかどうかや，人との関わり方を学ぶという発想に乏しいのではないだろうか。ミクロレベルの支援は，制度がある中だったらできる。けれど，制度がない中であらたにつくるには，地域の色々な人と，自分で人と人とをつないでネットワークをつくっていかないといけない。そういうメゾレベル，マクロレベルのことができない支援者が多いのではないだろうか。

（竹端）　福祉の世界は，どんな人を求めているのか？　制度を担う・事業をそつなくこなす人だけを求めていないだろうか？窓口に相談にくる人の一面だけを支援していても，解決にはつながらないことが増えてきている。その人の地域の暮らしを支えられる人を育てるには，今こういった場が大事だと思う。個別支援が得意な人であっても，「地域の暮らしを支える」というダイナミズムが見えていない人も少なくない。その人たちがいい塩梅で学び，試行錯誤し，変わるための「初めの一歩」を体感できる場がない。

（尾野）　たとえば，1期生の難波さんの実践，「お勝手ふらふら」や「あしもり酒場」は，一人ではやっていない（詳細は，第6章）。この場に参加したことで，できた関係が新たな場を生んでいく。誰かがけしかけてやらせるわけでも，いやいややるわけでもない。いいなと思ったアイデアを地域でやってみることができる。そんな「無理しない」地域づくりの循環を生む場になっている。

──西村（心の声）

> この学校は，人を変えようとしているわけではない。人は，変えようとして
> も変わらない。でも，結果的には，人は変わる。新しい仕事ができて，新た
> な動きもでてくる。ただの人と人との関わりが，制度と枠組みを超えた，新
> たな課題解決を生み出すのだろうか？

6　100人力のカリスマでなく，10人力の10人と仲良くなろう

　（竹端）　では，この「無理しない」地域づくりの学校は，どんな「人づく
り」の場なのか。

　まずはじめに，「福祉」でも「まちづくり」でもいえることがある。それは
カリスマリーダーはいらないし，誰も求めてもいない，ということ。つい10年
ほど前までは，福祉業界でもカリスマリーダーなる存在が，圧倒的な存在感で
ものごとをすすめてきた。それを国がモデル化して，制度に高め，全国に広げ
てきた。でも，国に頼らず地域で何とかする，という時代においては，カリス
マモデルでは機能しない。今必要とされているのはカリスマのような圧倒的な
能力がなくてもどこでもできる実践。とはいっても，その能力は，標準化・規
格化をすることはできない能力だといえる。

　（尾野）　要は，100の能力を持ったカリスマリーダーが一人で孤軍奮闘では
なく，10くらいの能力を持った何でもない人10人が集まって，たして100にな
るほうが地域にとってはいいということ。みんなでわいわいやるような実践を
10人がやる方が，地域を変えていくエネルギーになる。

　それに人材育成の視点からいうと，3の能力を持った人を，10の能力を持っ
た人にすることはできるけど，100の能力を持った人にすることは難しい。

　たとえば，ある町に100の能力を持つスーパー公務員がいて，その人の地域
おこしの取り組みはすごいけど，他に展開はできない。多くの人は言われるが

ままに動いているだけ。かたや別の町には，100の能力を持つカリスマリーダーはいないけれど，10の能力を持つ人はたくさんいる。その人たちが集まって，駅前の空き店舗を何店舗も再生し，町がよみがえっている。そこに無理もなく，悲壮感もなく楽しくやっている，この違い。

　様々なカリスマリーダーを見てきたけれど，「その人がいなくなればおしまい」になってはいけない。

　（西村）　福祉の世界では，今は3の能力を持った人たちに，100を目標に掲げる研修が多い。いきなり100にはなりませんけど，目標は100ですよ。そういう研修は，実は，運営側もしんどい。

　この学校では，3から10の能力目標でいい。けど，10人と仲良くなれ。10はやろうね。そのうえで，他の10の人とつながろうね。たまには100やろうね。という具合に低く（？）目標を設定している。この辺りは講師としてはどうですか？

　（竹端）　研修の主催者や講師の「立場」としては，100の能力を目指す方がもっともらしく見える。言うだけはタダだし。でも，いつになったら能力100の人材が育つのだろうか。いまの福祉職は，職業倫理として高みを目指す方針のもと，できもしない100を課せられているのではないか，と思うようになった。そういった場のすべてを否定はしないが，「めちゃめちゃデキる人」にゴールを合わせたものが多いと感じている。

　福祉の専門書も同じ。デキる人はさらなるステップアップのために本を買いまくる一方で，3から10を目指す人は，まず何の本を買い，どこから学んでよいかもわからない状態。この本は，「3から10を目指す人」に役立つ一冊としてつくったので，買ってほしい（笑）専門書を買ったことのない「普通の福祉職」の人が，「これは読めたで！」と言ってくれる本にしたい。そして，そこから学びの楽しさを知り，専門書を買うようになったり，気になる人に会いに行ったりすればいいなと思う。尾野さんはその辺どうですか？

　（尾野）　3から10の能力になるのは，講師にとっても本人にとっても比較的簡単。その人のもともとの力をのばせばいい。でもそのあと，能力10が一人で

第1章　地域×私×福祉の可能性　13

▷西村洋己

は何も変えられないので，お互いに協力しあうような体制をつくるのが大変。そこにみんなの苦しみがある。自分が3から10になるだけなら自己啓発セミナーでいい。

あなたが10になったうえで他の人とどうつながる？ この学校では，自分と異なる立場の9人を見つけて，全人格的な付き合いをしてほしい，とそこを促している。だから，10人と仲良くなれる，それが自然にできる場づくりをしている。みんな同じ目標を持っている，受講生同士，みんな自分と向き合っていて，お互いのもやもやが共有されている。行動したことを賞賛しあう，そんな中で横のつながりができる。

7　この本は一体，何の本なのか？

（竹端）　この本は，「福祉」の本なのか？「まちづくり」の本なのか？と聞かれたら，どう答える？

（尾野）　「地域×○○」シリーズの福祉版と考えるべきだと思う。「地域×IT」「地域×食」「地域×定住」「地域×空き店舗」「地域×福祉」。福祉には興味ないけど，「地域」に興味ありますよ，そういう人はぜひ，「福祉」を別の言葉に置き換えて読んでほしい。地域×○○の，中身はなんでもいい。でも，福祉の人は，入れ替えることができるのに，入れ替え不能と思い込んでいる現実がある。福祉は福祉で，農業とは関係ない，食とは関係ない。でも入れ替え可能，本当はつながっているのに，別々のものだと思い込んでいないだろうか。

（西村）　そうか，僕たち福祉の人間は，勝手に地域福祉だと思い込んでいたのだけれど，実は「地域×福祉」でしかなかったはずだ。だから福祉は福祉だけで凝り固まってしまうんですね。

（尾野）　地域福祉に関わっている人には，「地域×福祉」も，地域×○○の

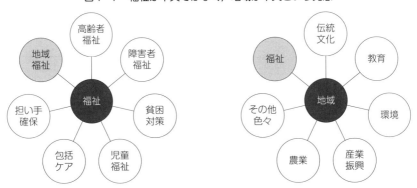

図1-1 福祉が中央ではなく，地域が中央という発想

一つだと，そう思って読んでみてほしい。地域×○○の一つだから，他の○○にも目をむけようということ。地域が中央にあって，そこから枝分かれしていく（図1-1）。ものづくり，伝統文化，ITもそう，地域教育，行政，環境，商工，産業振興，環境。その他，地域には無数の構成要素がある。先程の仕事づくりの話もそうだ。福祉だからと固執するのではなく，地域の一員として福祉もあるんだという発想があれば，地域の関係者ともっとつながっていけるはず。お互いに地域を支える立場で，お互いに困りごとを解決していこう。そうしたら，たまたま仕事になっていた，それくらいの考えでよいのだと思う。

（竹端） たとえば，行政の資料などでは，「地域を横断的に」とか，「横串をさす」という言葉をよく使う。その発想は，福祉から横串をさそうという風に聞こえる。それは，あくまでも「福祉が中心」にあるのではないか。そうではなくて，実際に多様な人々が暮らすリアルな地域のなかの一領域としての福祉。自分たちが生かされているのは地域。となると，主語が違ってくる。福祉でなく，地域を主語にしようということ。

（西村） こういう整理をしていて，気づいたのは，地域福祉という言葉には，×＝「かける」が抜けているのではないか。地域福祉をほどくと，地域があって，私がいて，福祉がある。行き詰まった地域福祉をほどいてみると。地域×福祉になる。それをさらにほどくと，地域×私×福祉になるのではないか。竹

第1章 地域×私×福祉の可能性　15

端さんどうですか？

（竹端）　地域福祉を「ときほぐす」鍵は「私」，つまり読者であるあなた自身にあるのではないか，という気付きですよね。

福祉の仕事をしている人ほど，この「私」という存在を消そうとしている。実は「ときほぐす」に次ぐ，この本の2つ目のキーワードは，ずばり「私」である。地域があって，私がいて，福祉がある。地域と関わる仕事は，地域×私に，○○という何かがかけあわされる。たまたま僕自身の場合は，地域×私×福祉。けれども，それを地域福祉という言葉で縮めてしまうと，×も私もどこかへいってしまう。

それに，福祉以外の農業や伝統産業や産業振興といった，地域に当たり前にある出来事や課題が全く見えなくなってしまう。そうなると福祉だけを見て，「地域を見たふり」ができてしまう。

言葉遊びではなく，これは大きな問題である。地域福祉というのは，本来は，「地域×私×福祉」であって，これ以上，省略できる言葉ではない。無理に縮めてしまっている。これは「地域おこし」であっても，「地場産業の再生」であっても，同じこと。「地域×私×○○」という視点で，時には○○の中身を入れ替えながら，地域のことを改めて眺めてみる。するとそこに意外な発見や驚きがある。その中で，新しく地域と出会い直し，私とも出会い直す。すると，解決困難に思えていた○○の課題が，スーッとほぐれはじめる。別の領域や人々とつながって，新たな物語が展開しはじめる。

──西村（心の声）

この隠れている「私」と「×（かける）」という考えを取り戻し，「私からはじまる地域づくり」をはじめよう。これが，この本のメッセージである。

福祉の「枠組み外し」を追求してきた研究者と，うっかり福祉に足を踏み入れ，そもそも枠組みなどなかった一人の社会起業家。そして社会福祉協議会という組織で燻りかけていた一人の職員の3名が取り組んだ「無理しない」地域づくりの学校の軌跡をこの後の章では，振り返っていきたいと思う。

第2章

他人事から我が事へ──福祉の「枠組み」を疑う

● ● ●

竹端　寛

1　僕が出会った「地域福祉」

弟子入り

　僕が「福祉」と本格的に関わるようになって，ちょうど20年がたつ。

　小さな頃から新聞記者志望だった。だが，大学時代にボランティア活動を通じ様々な社会問題を垣間見る中で，「社会が変わらなければならない」と他者を批判する以前に，まず自分自身のスキルや学びが決定的に足りない，と感じていた。一度腰を据えて基本から学び直したかった。そんな折，元新聞記者の大熊一夫氏が大学院にできた新講座（ボランティア人間科学講座）の教授として来られる，と聞いて，「弟子入り」をする。

　大熊一夫氏は，1970年にしたたかに酔っ払って，アルコール依存症のふりをして精神病院に潜入し，「ルポ・精神病棟」を朝日新聞に連載。後に書籍化されて30万部以上の売り上げを誇るベストセラーを書いた福祉ジャーナリストであり，その後も老人病院や認知症問題など，「施設に閉じ込められる人々」を一貫して追い続けてきた。彼に弟子入りし，僕が最初に連れて行かれた現場もまた，精神病院だった。ただし患者ではなく，フィールドワーカーとして。

　引き受けてくれた院長は，いきなり初日から，僕を閉鎖病棟に連れて行く。スタッフステーションで「実習生のタケバタくんです。今日は閉鎖病棟で一日よろしく」と宣言し，院長はすたすた去って行った。ガシャン，という音とと

もに外から施錠された閉鎖病棟は，実におっかなかった。鍵をじゃらじゃら鳴らしながら仕事をする看護師，扉が開く度に鳴る警報音，薬の副作用で呂律が回らない状態で病棟内をぼんやり歩き回る人，保護室からの大声での訴え……。一日中怖くて怖くて，ナースステーションから一歩も出られなかった。その日僕が感じた恐怖は，精神病院の実態を知らずに入院した（させられた）患者さんが感じる恐怖と似ている，と気づいたのは，その後しばらくして，患者さんの語りをじっくり聞くようになってから，である。

実習では，医師の診察や看護師の一日を追ったりもしたが，一番しっくりきたのが，精神科ソーシャルワーカー（PSW）の部屋だった。なぜなら，そこでは「娑婆の空気が吸えた」のである。閉鎖された病棟空間の中で息が詰まりそうになっていた僕にとって，当たり前の日常世界との接点が，ソーシャルワーカーの部屋だった。以後５年間，精神科ソーシャルワーカーについて，「アパート退院」の手伝いや，退院された方々の生活支援のお手伝いをしていた。その中で，地域福祉との決定的な出会いをすることになる。

「５つのステップ」から学んだ事

弟子入り時代の集大成として書き上げた僕の博士論文のタイトルは，「精神障害者のノーマライゼーションに果たす精神科ソーシャルワーカー（PSW）の役割と課題——京都府でのPSW実態調査を基に」である。京都府内の精神科ソーシャルワーカーのほぼ全員にあたる117人に面会の約束を取って会いに出かけ，平均１時間，長い人なら２時間近く話を伺う中で，見えてきた課題を博論としてまとめた。京都府内を走り回りながらインタビューを続ける中で，ある時期からぼんやり法則のようなものが，僕の頭の中に浮かび始めた。

> 魅力的に感じるPSWとは，現場を変え，社会資源を作り出している人だ。でも，本当に地域を変えた人って，当事者や周りの他人を変える前に，まずは自分が変わることからスタートしているのではないか？

そういう「ひらめき」を基に，インタビューデータを読み返してみると，確

かに魅力的な地域展開をしている人は，精神障害を持つ当事者の本音に出合った際，「あなたが○○できたら退院できます」などと一方的な指導や助言で終わらせていなかった。社会や他人を変えようとする前に，その人の想いや願い（＝本音）をしっかり受け止め，それを実現できない環境要因としての，支援者自らの態度や考え方，既成概念や偏見の限界に気づく。そこから，根本的に自分自身の仕事のあり方を変えようとしていた。

　たとえば，まいづる福祉会に所属する PSW の西澤心さんの事例は象徴的だ。「精神障害者でもまともな給料がほしい」という本音に出合った西澤さんは，「あなたは○○ができないから無理」と決めつけるのではなく，「では障害を持ちながらも，まともな給料が払える仕事を作り出すにはどうしたらよいか？」を考える。「できない100の理由」で説得するのではなく，「できる一つの方法論」を徹底的に考え抜く。そして「フレンチレストランを作ろう」というブレークスルーとなるアイデアを思いつく。その実現に向けて周囲を巻き込み，渦を大きく展開する中で，ホテルのレストラン総料理長を引き抜くことができ，舞鶴湾を望む高台に「ほのぼの屋」というフレンチレストランを開業した。そして，障害者雇用を実現するだけでなく，地元でも有名なフレンチレストランとして成長させる。その結果として，障害当事者の役割や誇りを取り戻す支援が展開でき，それが希望につながる。

　このようなプロセスは，地域を変えた実践者にも共通項だと感じたので，**5 つのステップ**という法則にまとめてみた。

○精神障害者のノーマライゼーションを模索する PSW の 5 つのステップ

ステップ1：本人の思いに，支援者が真摯に耳を傾ける

ステップ2：その想いや願いを「○○だから」と否定せず，それを実現するために，支援者自身が奔走し始める（支援者自身が変わる）

ステップ3：自分だけではうまくいかないから，地域の他の人々とつながりをもとめ，個人的ネットワークを作り始める

ステップ4：個々人の連携では解決しない，予算や制度化が必要な問題をクリア

第 **2** 章　他人事から我が事へ

> するために，個人間連携を組織間連携へと高めていく
>
> ステップ5：その組織間連携の中から，当事者の想いや願いを一つ一つ実現し，
>
> 当事者自身が役割も誇りも持った人間として生き生きとしてくる。
>
> （最終的に当事者が変わる）[1]

　地域や当事者の現実を変えてきた人は，相手を変える前に，まず自分のアプローチを変えることから始める。この5つのステップを先の西澤さんを例に考えてみよう。

　たとえば，ほのぼの屋の展開に当てはめるなら，それまでのまいづる福祉会がやっていたのはごく普通の作業所であり，工賃は1，2万円が上限だった。でも，障害当事者の「まともな給料がほしい」という想いや願いに，西澤さんや支援者たちは「そんなの無理」と否定せず，本気で実現するための奔走を始める。その中で，自主財源獲得のために古本屋を始め，それがやがてレストランの運営という物語の展開を引き寄せる。月4，5万円の給料，多い人では月7万円を超える給料を支払うことが可能になり，障害当事者本人の役割と誇りを取り戻す支援につながる。ここまでは15年前の話だが，本章執筆時に改めて西澤さんに聞いたところ，2006年頃には「10万円をめざそう！15万円も夢じゃない！」という目標をたて，実際に2014年度には月給10万円超は9名，そのうち15万円超は3名という実績まで上げたそうである。

　そして，このステップは，地域を変えてきた「達人」にも共通している。たとえば「富山型デイサービス」として全国に名を馳せる「このゆびとーまれ」の惣万佳代子さん。病院看護師だった彼女は，「畳の上で看取りたい。病院でなく地域で安心して過ごせる場がほしい」と，病院を辞めて，誰でも預かる場を作る（ステップ1）。そこに最初に預かってほしいと来たのが，障害を持つ子どもだった。そこから，障害・高齢・児童の区別なく，支援を求める人を支える「共生型サービス」を自発的に展開する（ステップ2）。当初は縦割り行政の壁に阻まれたが，やがて「富山型デイサービス」として賛同者も増え（ステップ3，4），共生型ケアとして全国的に普及するようになると（ステップ5），

それは介護保険制度の中にも組み込まれるようになった。

　あるいは北海道の辺境，浦河の地で PSW として仕事を始めた「べてるの家」の向谷地生良さんは，貧困で寄る辺もない精神障害者と寝起きを共にする中で（ステップ1），商売を通じて地域貢献をすることを思いつき（ステップ2），浦河の昆布を「バラバラ昆布」などと命名して販売するだけでなく，当事者の苦労を「研究」する「当事者研究」も発展させ（ステップ3），やがて「べてるの家」は講演で引っ張りだこになり，浦河には日本国内だけでなく海外から視察が押し寄せる中で当事者の収入も増え（ステップ4），「当事者研究」は精神障害者の回復の大切なツールとして浦河以外でも実践されていくようになる（ステップ5）。

　対象者や地域を変える前に，まず自分のアプローチを変える。その積み重ねが結果的には地域を変え，対象者の生活の質の向上にもつながる。西澤さん，惣万さん，向谷地さん，など，地域を変えてきたソーシャル・アクションの担い手は，見事にこの**5つのステップ**をたどっていた。

社会を変える前に，私が変わる

　この博士論文の，もう一つのキーワードはノーマライゼーションである。

　もともと北欧で生まれたこの言葉は，障害者の生活環境をノーマルにする（本人ではなく周囲や社会を変える）ことをめざした思想であった。知的障害者の入所施設がアブノーマルである，という前提にたった上で，「知的障害者にもノーマルな生活環境を提供し，他の人と同じように仕事にいったり余暇を過ごしたり，旅行に出かけたり，結婚したり，子どもを産み育てたり，を保障することが大切だ」という価値転換の意味合いを持つ。

　つまり，精神科病院や入所施設という閉鎖空間での生活が，知的障害者や精神障害者をアブノーマルな状態にするのであって，ごく普通の環境を提供することこそ，最善のケアである，というのがノーマライゼーションの思想である。そして地域福祉にあたる英語はコミュニティケア（community care）だが，これは，入所施設や精神科病院での施設ケア（institutional care）に変わる考え方

第 **2** 章　他人事から我が事へ　21

として欧米で1970年代から使われるようになった考え方であり，ノーマライゼーションはコミュニティケアの思想的基盤である，とも言える。

僕が博士論文のPSW117人調査でつかんだ**5つのステップ**も，ノーマライゼーションの思想と通底する。障害を持っている人は，支援者から「あなたは○○ができないから退院や地域生活は無理」と決めつけられがちだ。これは，障害を持つ本人が問題・病気だ，という障害の「医学モデル」的発想である。だが，障害を持つ本人ではなく，本人を取り巻く生活環境こそ問題だ，と視点を変えると，支援者のアプローチを含め，障害のある人を取り巻く構造そのものが，問いの対象となる。つまり支援者にとって，「社会を変える前に，対象者を変える前に，まず自分自身のアプローチを変える」必要があるのだ（これは障害の社会モデルとも通底する）。

だが，上記の考えは決して当たり前（ノーマル）になっていないことも，次第にわかってきた。博士論文を書き終わるまでは，福祉現場で支援者に教わる一方だった僕も，大学教員になった後，今度は現場で働く支援者に向けた研修で，講師を依頼される場面が増えてきた。その時になって気づかされたのは，自分自身のアプローチを変えることをよりも，対象者を変えたいと思う支援者が実に多い，ということだ。あるいは，様々な社会運動に関わる人を観察していても，社会を変えたいというアクションが理解されないと，世の中が無理解だと決めつけて，自分自身のアプローチの反省をしない人も結構いる。このことが最もわかりやすく現れているのが，「困難事例」に関して，である。

誰にとっての，何の困難？

福祉現場において，しばしば出合うのが「困難事例」である。認知症で徘徊や暴力行為などの「問題行動」をする高齢者，家の内外にたくさんのごみを溜め近隣住民とのトラブルに発展している「ゴミ屋敷」の住人，医療的ケアが必要な重度障害者と高齢の母親の二人暮らし，病気がちで失業中の生活困窮者は子どもに虐待の疑いがある……。一つのサービスを提供しても解決しない，多重・複合的な問題や課題を抱えた対象者（家族）のことを指して，福祉の現場

では「困難事例」と名付けられている。

　通常このような「困難事例」に関わる人は，その対象者（家族）が抱えた困難に目が行きがちである。だが，そういった「困難事例」をひもといてみると（アセスメントし直すと），「困難」とは本人の生活環境や支援者のアプローチの不足・不十分さによって生じている（社会的に構築されている）場合が，少なからずある。「かわいそうな対象者を何とかしてあげたい」と正義感や善意で関わる人に，「放っておいてほしい」と対象者が関わりを拒否する場合，自分の思い通りにならない対象者や状況に対して，「対象者の人格が歪んでいる（精神疾患だから，BPSDだから，性格が悪いから，認知症だから……）」と，「対象者（家族）こそ困難な人だ」とラベルを貼るケースさえ見受けられる。

　これを整理するなら，①「対象者が生活上の困難を感じている」だけでなく，②「そんな対象者を困難（苦手）に感じる私がいる」のである。①をひもとくためには，ご本人がどのような「困難を感じているのか」をじっくり伺う必要がある。一方，②をひもとくには，自分自身が対象者にどのような偏見や先入観，負の感情や苦手意識を持っているか，といった自己洞察をすることが求められる。そして，この自己洞察や，自分自身のものの見方へ立ち返った点検が，福祉現場に決定的に欠けているのではないか，と感じるようになった。

　支援対象者こそアブノーマルで，変えるべき対象である。こう決めつけておけば，支援者にとってこれほど楽なことはない。だが，「世の中が無理解だ」「あの人はわからずやだ」と決めつける支援者自身が，「困難事例」を困難たらしめている一因になってはいないか。その際，先の**5つのステップ**にあるように，アブノーマルなのは対象者ではなく，自分の固定観念ではないか，と自分自身に問いを向けてみる。

　①「対象者の生活上の困難」の前に，②「その対象者を困難と感じる私」にこそ向き合い，「対象者を変える」前に，まず「自分自身のアプローチを変える」努力をしてみる。**5つのステップ**からわかるのは，この価値転換を果たさないと，「困難事例」は解決しないし，ほんまもんの地域福祉は実現できない，というリアリティだ。

第**2**章　他人事から我が事へ

だがさらに言えば,「対象者を変えたい」という正義感や善意の押しつけは,何も福祉現場に限ったことではない。

2 丸ごと「地域福祉」という幻想

地域包括ケアシステムの意図すること

僕は前記で述べたノーマライゼーションや,脱施設・脱精神病院の専門家として,国の審議会に関わったことがある。[2]霞ヶ関に1年半ほど通う中で学んだのは,国が何らかの政策目標を掲げる時,そこで掲げられている目標の内容を理解・分析するだけでなく,なぜ・いまその目標を国がわざわざ掲げる必要があるのか,優先順位を高くする理由は何か,も分析することが重要だ,ということだ。その背景分析をする中で,美しい文言に隠された,泥臭い・生々しいリアリティが垣間見えることもある。

厚生労働省が昨今,福祉政策の中で最も重視しているものの一つに,地域包括ケアシステムの構築が挙げられる。厚労省はその目的をこう説明している。

> 団塊の世代が75歳以上となる2025年を目途に,重度な要介護状態となっても住み慣れた地域で自分らしい暮らしを人生の最後まで続けることができるよう,住まい・医療・介護・予防・生活支援が一体的に提供される地域包括ケアシステムの構築を実現していきます

「住み慣れた地域で自分らしい暮らしを人生の最後まで続けることができる」というのは,高齢・障害を問わず,あるべき姿である。だが,なぜこれを今頃重点目標として打ち出しているのか。

着目すべきなのは,「団塊の世代が75歳以上となる2025年を目途に」という部分である。団塊の世代とは,第二次世界大戦後の1947年から1950年に生まれた約1000万人のことを指し,第一次ベビーブームとも言われた。日本の総人口の約8%を占める,人口の最も多い世代である。この世代が,後期高齢者年齢

である75歳を迎えるのが，2025年である。一般に70代後半から加齢に伴う心身の障害を発生する率が増えており，要介護高齢者も後期高齢者になるほど増えていく傾向がある。

　この団塊の世代が要介護高齢者や認知症高齢者になった時，介護保険制度の利用者が爆発的に増加することで，介護保険制度の財政破綻やサービス不足などが想定されている。また，団塊の世代は日本が村落共同体での大家族主義から両親と子どもだけの核家族化へと移行した家族形態の転換世代である。つまり，この世代においては多世代同居の家族介護を前提とした今の介護保険制度が機能せず，支援の限界が目に見えているのである。

　だからこそ国は，要介護者になった後の事後救済的側面から，できる限り要介護状態にならずに，なっても施設や病院に入らずに在宅で暮らし続けるための，事前予防型への転換に向けた取り組みを，自治体に求めている。たとえば，医療機関に入院した当初から，ケアマネジャーや地域包括支援センターと連携して退院支援を行う医療と介護の連携や，独居高齢者が入所施設に入らずとも安心した支援を受けられるサービス付き高齢者住宅などの整備，そして認知症者の地域での見守り体制の構築や地域ケア会議の開催などである。また，介護保険サービス利用者の爆発的増加を抑制するための制度改正も併せて行った。2015年の改正介護保険法の中で，これまで全国一律だった予防給付（訪問介護・通所介護）を市町村が取り組む地域支援事業に移行し，「ボランティア，NPO，民間企業，協同組合等の多様な主体が生活支援・介護予防サービスを提供する」ことを推奨している。

　ここまでをまとめておくと，地域包括ケアシステムの名の下で，施設や病院への入所・入院費用を抑えるとともに，高齢者がなるべく介護を必要としない状態を作るための「事前予防」型の支援を充実させることも通じて，介護保険の費用増大を抑制し，介護保険財政の破綻を防ごう，という政策意図を持っている，と整理できる。

　このような政策意図の下で，どのような方法論が提示されているのだろうか。

第2章　他人事から我が事へ　25

丸ごと丸投げ!?

　国の政策目標なら，その目標を完遂するために，手厚い予算投入や人材の配置，あるいは何らかの拠点整備などの方法論が伴っている，はずである。だが，この地域包括ケアシステムは，そもそも予算上昇幅圧縮の要素もあるので，手厚い予算投入は見込みにくい。むしろ国が投じるべき費用やエネルギーを地方に「丸投げ」しているようにも読める提案がなされている。

　2016年7月に「我が事・丸ごと」地域共生社会実現本部が発足した。この組織は，厚生労働大臣を本部長とした，全庁的な組織である。その趣旨には，厚生労働省がこの「我が事・丸ごと」に込めた意図がつまっている。

　　今般，一億総活躍社会づくりが進められる中，福祉分野においても，パラダイムを転換し，福祉は与えるもの，与えられるものといったように，「支え手側」と「受け手側」に分かれるのではなく，地域のあらゆる住民が役割を持ち，支え合いながら，自分らしく活躍できる地域コミュニティを育成し，公的な福祉サービスと協働して助け合いながら暮らすことのできる「地域共生社会」を実現する必要がある。

　　具体的には，「他人事」になりがちな地域づくりを地域住民が「我が事」として主体的に取り組んでいただく仕組みを作っていくとともに，市町村においては，地域づくりの取組の支援と，公的な福祉サービスへのつなぎを含めた「丸ごと」の総合相談支援の体制整備を進めていく必要がある。また，対象者ごとに整備された「縦割り」の公的福祉サービスも「丸ごと」へと転換していくため，サービスや専門人材の養成課程の改革を進めていく必要がある。(3)

　一見すると地域福祉の全面展開的な文章である。特に，「総合相談支援の体制整備」や「サービスや専門人材の養成課程の改革」，様々な法律改正や見直しと連動させる，という点で，中央庁主導による地域福祉への転換にも読み取れる。国が示した「我が事・丸ごと」の地域づくりの中には，「住民主体による地域課題の解決力強化・体制づくり」「市町村による包括的な相談支援体制

の整備」「地域づくりの総合化・包括化（地域支援事業の一体的実施と財源の確保）」「地域福祉計画の充実，各種計画の総合化・包括化」といった文言も並んでいる。

　だが，厚生労働省はあくまでも，「地域づくりを地域住民が『我が事』として主体的に取り組んでいただく仕組み」を作ることを念頭においている。つまりは，自助や互助を強化するための「我が事・丸ごと」施策である。有り体に言えば，介護保険や障害福祉サービスなどの福祉サービスに依存せず，地域の中での助け合いでなるべく解決してほしい，そのために「地域福祉組織化活動を展開してほしい」という狙いである。

　ノーマライゼーションの考えは，施設ではなく地域の中で支援を行う，という前提である。その点では，この「我が事・丸ごと」はまさにノーマライゼーションと前提は共有している。だが，対象者ではなく対象者の環境をこそ変える，という点では，スウェーデンでは障害を持っても高齢になっても安心して地域生活が続けられるための潤沢な財源配分をしている。一方日本では，その点が大きく異なっている。国は，もっと地域住民に「我が事」として主体的に取り組んでほしいと，「そこはかとなく」強要している。

　先に見た5つのステップでは，まず支援者自身が変わり，問題を共有する仲間と共に組織を変えていくことによって，当事者の環境が変わり，やがて当事者自身の満足や主体性が強化される，という形で，当事者が変わると説明した。つまり，当事者を変える前に，支援者が変わっているのである。この例でいくと，まず厚生労働省のスタンスは変わったであろうか。

　介護保険制度は，地方分権の試金石と言われていたが，実際に蓋を開けてみると，介護報酬における中央集権的なルールの押しつけは強い。現場に裁量と財源を移譲しないまま，厚生労働省のトップダウンで政策を次々に変え，現場に押しつけていく姿は15年以上変わっていない。この部分では，地域福祉に関しても，「住民がやりなさい」と主体性を称揚するばかりで，厚生労働省がそのための予算を確保しよう，地域福祉の全面展開のために厚生労働省が省を挙げて変わろう，という姿勢が見えてこない。財源は社会福祉法人の地域貢献や

第2章　他人事から我が事へ　　27

共同募金，寄付などの自主財源で捻出せよ，と言い出すほどである。これでは，予算に関しては，「我が事・丸ごと」ではなく「丸ごと丸投げ」ではないか，という危惧すら浮かぶ。

　危惧は厚生労働省の姿勢に対してだけではない。厚生労働省が「丸投げ」しようとしている地域福祉の現場も，ずいぶんと疲弊している。それは地域支援という領域で，特に顕在化しつつある。

3　福祉職員の苦悩

木を見れど，森は見えず

　対象者の生活環境を良くしたい。

　これは，支援者なら誰しも心がけている大前提である。個別の対象者（ミクロ）の生活課題なら，アセスメントをすれば，割と見えやすい。だが，その人が暮らす地域全体にどのような課題があるのかをアセスメントした上で，具体的に何から変えていくかの優先順位をつけ，具体的な実施計画を策定して変えていくというメゾ・マクロレベルのアセスメントからプランニングに至る流れになると，頭ではわかっていても実行するのが難しい。

　この点に関して平野隆之は，『地域福祉推進の理論と方法』（有斐閣，2013年）の中で，個別支援から政策に至るプロセスとして，「読み解き」「編集」「組み立て」の三段階を示している（図2-1）。

　「読み解き」とは，生活上の困難や病気や障害のしんどさを抱えた人がどのようなしんどさ，しづらさを持っているか，を支援者がアセスメントする中で，問題の本質に迫る分析である。この部分は，ケアマネジャーや相談支援専門員などが訓練を積んで学んでいるポイントであり，この部分すらできていなければ，専門職としての前提に立てないはずである。

　そして，個人への支援計画の作成の際にも，アセスメントした情報の中から，どの部分に着目して，どんなサービスを入れたら生活が改善するかを「編集」

図2-1　個別支援から政策に至る3つのプロセス

| 「読み解き」
当事者が求めるニーズとは？
圏域毎の，全県的な課題とは？ | 現場が得意な分野
直接現場に関わる担当者
や当事者，家族，支援者
が「読み取る」のが得意 |

↓

| 「編集」
「読み解」かれた課題をどのように
加工して「組み立て」るか？ | ？？？？？
旧来はブラックボックス。ゆえに官民協働の仕掛けが求められる部分 |

↓

| 「組み立て」
A：実践組織による実践化
B：市町村による計画化・事業化
C：県や国での政策化 | 計画策定担当者が得意な分野
Aは支援者にも可能だが，B／Cは行政の本来業務と認識 |

出所：3つの過程概念については平野隆之（2013）『地域福祉推進の理論と方法』有斐閣，より。
　　　図は筆者オリジナル。

した上で，ケア計画という形で「組み立て」ていく。同じように，地域福祉においては，個別支援の中から見えてくる生活課題を「読み解き」，その地域に共通する問題点を探りながら，地域ケア会議なり地域福祉計画の場でその地域の課題として「編集」した上で，ではどうしたらよいか，の実効策として「組み立て」ることが求められる。ただ，地域援助技術（コミュニティソーシャルワーク）の研修などを通じて見えてくるのは，こと地域福祉に関して言うならば，「編集」と「組み立て」をすることに苦手意識を感じている支援者が非常に多い，という現実である。それは一体なぜであろうか？

真山達志は，『政策形成の本質』（成文堂，2001年）の中で，政策形成には事業過程と政策形成過程の2つがある，という。このうち事業過程とは，事業課題の設定→事業案の作成→事業決定→事業実施→事業評価，というプロセスである。これは，ケアプラン作成でも，本人の課題の設定→ケアプランの作成→ケアプラン決定→ケアプラン実施→ケアプランチェック，という形で，現場で

第2章　他人事から我が事へ　29

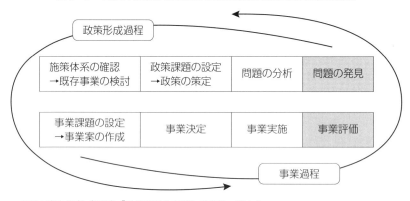

図2-2 自治体における望ましい政策形成過程と事業過程の関係

出所：真山達志（2001）『政策形成の本質』成文堂，62より。

は当たり前のように行われている。一方で，政策形成過程は，自治体現場ではほとんど行われず，事業過程に終始している，と真山は指摘する。それは一体どういうことか。

　政策形成過程とは，事業評価→問題の発見→問題の分析→政策課題の設定→政策の策定→施策体系の確認→既存事業の検討を経て，「事業過程」へとつなげるプロセスである（図2-2）。ケアプランの半年ごとの評価をする（事業評価）中で，見守り課題があると問題の発見をした場合，本人だけではなくその地域の中で同様の課題はないかと問題の分析をする。その上で，地域ケア会議などを通じて政策課題の設定を行い，ではどうしたらよいかの政策の策定を行う。さらに，地域包括支援センターや社協，生活支援コーディネーターなど誰が所管する事業として行えばよいかと施策体系の確認をし，当該自治体や近隣市町村で使える制度や補助金，類似の事例などはないかと既存事業の検討を経て，予算化・実現化に向けた事業課題の設定に至るのである。

　だが，この政策形成過程の部分は，現場の個別支援に長けている支援者の中には，苦手意識を持つ人が少なくない。個別支援では見事に「編集」や「組み立て」をしている支援者であっても，地域支援における「編集」「組み立て」という部分が弱い。そして，その理由をなぜかと探っていくと，事業評価を問

題の発見に結びつけるのが難しいからではないか，という構図が見えてくる。

この点についてもう一度5つのステップに立ち戻って考えてみよう。

誰にとって，何の問題？

たとえば「障害者でもまともな給料がほしい」という本音。これは，「今はまともな給料がもらえていない」という意味で，現状の支援の在り方が不十分である，というマイナスの事業評価である。だが，これを「あなたは○○ができないから無理」と決めつけていては，何も始まらない。また，「そうはいうけど，現実はそんなに甘くないから……」とお茶を濁していては，居酒屋の隅で語る愚痴と何も変わらない。

「まともな給料が払われていない」というマイナスの事業評価を変えるべき問題であると考え，そこからどのような問題を発見できるか。たとえば「障害を持ちながらも，まともな給料が払える仕事を作り出すにはどうしたらよいか？」というのは，障害者就労やその地域の中での仕事の需要などを様々に分析し，深掘りする中でしか解決の糸口が見えてこない。その中で，その地域の実情に応じた，実現可能性のある商売のアイデア（古本屋やフレンチレストラン）という「政策課題の設定」がなされ，ではこの商売でいこう，と「政策の決定」がなされる。周辺での既存の店舗との差別化，あるいは障害者就労の事業所のどの類型でいくか，などの「施策体系の確認」を行い，これまでその事業所や地域で行われている「既存事業」との関係性の「検討」を行うことで，初めて「事業課題の設定」へとたどりつく。

このプロセスにおいて，新たな何かを始める際に，決定的に2つのことが重要となってくる。一つが，事業の新規立ち上げに向けた社会起業家的なアプローチであり，もう一つが自分事の姿勢である。

既存のサービスに当てはめるだけなら，前例踏襲的にことは運ぶ。だが，これまでなかった何かを創り上げるという無から有のプロセスにおいては，ある種の起業家精神（entrepreneurship）が求められる。社会問題に取り組む起業家である社会起業家に関して，こんな定義もある。

第2章　他人事から我が事へ　31

> 世界を変える仕事――社会起業とは，社会問題を解決するために新しい組織をつくり出したり，あるいは既存の組織を改革する仕事です。ここでいう社会問題とは，たとえば，貧困，病気，環境破壊，人権侵害，組織の腐敗などを指します。これらを解決して，多くの人々の暮らしをよりよいものにしようというものです。[5]

　先に挙げた「困難事例」とは，既存の組織やサービスの対応では，解決が困難な事例である。その際，関わる支援者個人がアプローチを変えることでうまくいく場合もある。だが，個人の問題ではなく，組織や制度的な課題が横たわっている場合，「社会問題を解決するために新しい組織をつくり出したり，あるいは既存の組織を改革する」ことが必要になってくる。こうなると，支援者一人の力では，何ともならない。本章のはじめに見た**5つのステップ**に戻ると，「ステップ3：自分だけではうまくいかないから，地域の他の人々とつながりをもとめ，個人的ネットワークを作り始める」「ステップ4：個々人の連携では解決しない，予算や制度化が必要な問題をクリアするために，個人間連携を組織間連携へと高めていく」ということが必要になる。そして，真山の政策形成過程に当てはめるなら，ステップ3が「問題の発見→問題の分析→政策課題の設定」に，そしてステップ4が「政策の策定→施策体系の確認→既存事業の検討」にあたる。これは，平野の言う「編集」→「組み立て」プロセスそのものである。

　このような事業化や組み立ては，一般的な個別支援の論理とは異なる。なぜなら，一般的な個別支援は，原則的には「今ある何かを当てはめる」が，事業化や組み立ては「まだない何かを創り出す」からである。しかも，「まだない何かを創り出す」ためには，問題の発見と分析を通じた掘り下げが必要であるからだ。これは先の，支援困難事例とは支援者が変容するのに困難を感じている事例，という話ともつながる。「既存の何かにつなげる」仕事に慣れている・長けている人であっても，「新たな何かを創り出す」ことには慣れていないし長けてもいない場合が多い。そして，「新たな何かを創り出す」ためには，その問題が自分事となっているか，が問われているのである。

4 "私発"の可能性

枠組みを疑う，ということ

なぜ，「新たな何かを創り出す」ためには，その問題が自分事となっているか，が重要なのだろうか。

少々理屈っぽい話になるが，ここには「枠組み」問題が大きく関わっている，と僕は感じている。たとえば，「どうせ変わらない」「そんなことをしたって仕方ない」というとき，それは「どうせ」「仕方ない」という「枠組み」に囚われている・支配されている自分がいるのだ。つまり，自分が「どうせ」「仕方ない」と決めつけ，その決めつけを事実と思いたいから，結果として何もしない選択肢を選ぶ，ということだ。社会学ではこれを「予言の自己成就」という。自分が選んだ予言（＝「どうせ」「仕方ない」）が結果的に事実であるように，自分が振る舞うことで自己成就する，という図式だ。

これは，「できない100の理由」を考えることにもつながる。国レベルの制度政策がなかなか変わらないのは，僕自身，国の障害者福祉を変える委員会に入って，痛いほど感じたことである。[6]

厚生労働省を代表とする役所は，前例踏襲主義を大切にする。以前からやっていることとの継続性の担保，という形式合理主義である。新しい何かを試してみようとするとき，「このような法律・制度・施行令……（前例）がある・ないから無理です」「予算に計上されていないから・法律的根拠がないから無理です」というのは，しばしば現場でよく聴くフレーズである。そして，このような正論を示されると，仕事として関わっているなら，「ああ，そうですか，無理ですか」と引き下がってしまう。「精一杯努力してみましたが，○○が理由でできませんでした」と，正論を基に自己正当化することができるからである。それが法律や予算などの正論であればあるほど周りにも申し開きができる。これは，法自体やその枠組みを自明で変えられないもの（暗黙の前提）とし，

「出された法・制度・体制の中でどう今の現実・事業・問題に適用しようか」と考える「社会システム適応的視点」と言えるアプローチである。

　だが，社会問題を解決するために新しい組織をつくり出したり，あるいは既存の組織を改革する仕事をする社会起業家は，そこで引き下がらない。自分自身が変えたいという思いを持っている，「我が事」であるからこそ，制度や法内容を知った上で，その内容・説明を鵜呑みにしない。「私や私たち，地域の皆が豊かで自分らしく生きていける社会をつくるためには，どこが問題・ツボなのか？」という視点から，法や制度，データを検討する。つまりは，法や制度，システムや現実は変えられる，という意味で「社会システム構築的視点」を持っている。しかも，それは自分が現実へのアプローチを変え，共感する仲間を増やす中で，組織的連携から制度的転換へと目指そう，という本章はじめに述べた**5つのステップ**の流れとも共通している。実際に，地域福祉の現場を変えてきた人々に共通するのは，この社会システム構築的視点を持った社会起業家であり，そこに強烈な「我が事」としてのコミットがある，ということだ。

　本章の第2節で厚生労働省の「我が事・丸ごと」の方針について，批判的な見解を述べた。その最大の理由は，この部分にある。「『他人事』になりがちな地域づくりを地域住民が『我が事』として主体的に取り組んでいただく仕組みを作っていく」という時に，その「地域住民が『我が事』として主体的に取り組」むための内発的動機が見えにくいからである。厚生労働省は主体的に取り組ませたいのだが，取り組ませたいという時点で，主体的ではない。民生委員や町内会・自治体のシステムが曲がり角にきているのも，「住民相互の」などのロジックで取り囲まれているが，主体的ではなく，行政の下請けになっているからである。そして，この部分について，社会システム適応的視点で国の枠組みの後追い的なままであれば，いつまでたっても主体的ではなく他者依存的なままである。それは住民だけでなく支援者だって同じだ。この部分で，ほんまもんの主体性を取り戻すためには，それって本当に自分の人生にとって大切なのか？必要なのか？関わる価値があるのか？などを根本的に問い直す必要がある。これが，枠組みを疑うということであり，社会システム構築的視点を持

っている支援者には共通する要素なのである。

マイプランの可能性

と，ここまで書いてきたことを，どうやったら福祉現場の支援者に納得して
もらえるか。「社会システム適応的視点から社会システム構築的視点への転換
へ」，とか「厚生労働省の枠組みそのものを疑え」，などと一生懸命語ってきた
し，『枠組み外しの旅——「個性化」が変える福祉社会』（青灯社，2012年）と
いう本まで書いて整理した。だが，それでも現場の人に伝わらない。使ってい
る用語が難しい，何を言っているのかわからない，抽象的には理解できるが現
実的に応用できそうにない……。そんな批判を受け続けてきた。そこで，「現
場の人がわからずだ」と開きなおると，「社会を変える前に，自分のアプロー
チを変えよ」と主張する僕自身が言行不一致になる。でも，そう簡単に方法
論は浮かばない。さて，困った……。

そんな不全感を抱いていた時に，本書の編著者である尾野寛明さんと，2012
年の春，ある学会会場で出会う。シンポジストの一人として呼ばれていた尾野
さんが発表した，中山間地域における地域再生と障害者就労をつなげた物語を
聞いた直後から，彼のような社会起業家と仕事がしたい！と思い始めた。懇親
会の場で暇そうにご飯を食べていた（他の研究者は彼の魅力に気づいていなかっ
た！）彼を捕まえて，じっくり話し込んだ。ただ，彼とどんな形でコラボレー
ションを組んだらよいのかの構想を，その時点では描けていなかった。

そして時が流れて2013年の秋に，講演に呼んでもらったことがきっかけで，
本書のもう一人の編著者である西村洋己さんと出会う。旧来の福祉の枠組みに
不全感を感じていた西村さんと僕は，その場で意気投合し，翌2014年の春には，
地域福祉のオモロイ現場を回るツアーを開いてもらう。そういう形で「我が
事」の同志ができたこともあり，温めていた尾野さんとのコラボレーションの
企画を西村さんに提案し，三者で出会うことになる（その辺りは西村さんの第**3**
章に詳しい）。そして，2015年から始まるこの「学校」をイメージするために，
事前学習として見学した島根県江津市での尾野さんの講座に参加して，僕自身

第 **2** 章　他人事から我が事へ　　35

資料2-1　タケバタヒロシのマイストーリー

無理しない地域づくりの学校2016	名前・ニックネーム（由来　） **竹端寛（バタ、ひろっちゃん）**	MY PLAN

自己紹介
- 大学教員＆山梨に暮らして11年目だけど関西弁は抜けず
- 社会学と社会福祉学の「隙間産業」
- 合気道初段、登山にもハマり、最近はランもしてます
- 「正解」より「成解」探し

一言。
ふるさとでの連続講座は初めてなので、ワクワク♪

自分のキャッチフレーズ
社会を変える前に、自分が変わる

自分史

過去
- ●1975年　京都市で生まれる
  「京都は閉鎖的で嫌い」と思い込んで20代で京都を離れたが、実は最近になって「京都での悶々とした10代の自分が嫌いだった」と知り、愕然とする。
- ●1998年　弟子入りして修行期間に
  大熊一夫に師事し、洛南病院や宇治でフィールドワークをする中で、精神医療の構造的問題について考え始める。その後スウェーデンにも半年住む。
- ●2005年　山梨移住で「何でも屋」に
  博論や兼業「主夫」を終えて山梨に赴任。障害者自立支援協議会の座長や、地域包括ケアシステムのアドバイザー等、領域を超えて学ぶチャンスを得る

現在
- ●2012年　国の審議会で闘いに敗れる
  民主党政権下の審議会で障害者制度改革を本気で実現しようとするも、官僚の最大級のサボタージュにあい、挫折。「自分が変わらなアカン」と気づく。

気になる地域課題
- 狭い現場・制度の枠組みへの囚われ
- ワクワク＆ルンルン働いていない
- 他人事が蔓延して、自分事が少ない
- 自分の頭で考え抜く人が少ない

人生の一大イベント
85キロ→73キロへの
低炭水化物ダイエット

▷僕自身が作ってみたマイストーリー。この1枚に取捨選択して落とし込むのが難しい

「これだ！」と叫びそうになった。それが、「マイプラン」である。

　この「マイプラン」は、地域でのコミュニティビジネスに携わりたいチャレンジャーに、そのチャレンジを具現化してもらうために作成されたシートである。つまり、社会起業家育成のプロセスが詰まったシートである。その中で、最も衝撃的だったのは、「マイストーリー」、つまり「自分語り」のための資料としてのパワーポイントを作るところから講座はスタートする（資料2-1）。自分はどんな人間で、何を考えてきて、今はどんな状況で、これからどうしたいのか。これらを掘り下げて、言語化するための「自分語り」シート。これを作る中で、自分の人間性や志向性、生きる喜びや達成したい目的などを、文字通り、「我が事」として振り返ることができる。そして、実はその「我が事」の振り返りこそ、地域福祉の現場で決定的に欠けていることでもある。

ケアプランにおいても，アセスメントやプランニングを客観的に行うことが求められている。そこには，支援者の主観を排除することが正しい，とされる論理がある。だが，それはある種の幻想である。なるべく現象を突き放して眺めたところで，自分の主観は働く。大切なのは，主観を排除するのではなく，その主観に自覚的になることである。「困難事例」を「うっとうしい」なんて思ってはいけないと思っても，その主観は排除できないのである。であれば，「うっとうしいと困難に感じる自分」を自覚した上で，その感情とどう向き合い，対象者のより良い人生への支援を行うか……という，自分のアプローチを変えることが必要になる。そのためには，自分の考え方や志向性，人間性を一度とことん見つめ直す必要がある。この，深くてほんまもんの「我が事」への問い。これが，マイプランを作成する中での最初の関門として埋め込まれていた。これこそ，地域福祉に欠けていた視点であった。

「他人事」をほんまもんの「我が事」に変えるには

　僕は学生時代からいくつか社会運動に携わる個人や団体とおつきあいしてきた。そして先にも述べたように，社会を変えたいというアクションが理解されないと，世の中が無理解だと決めつけて，自分自身のアプローチの反省をしない人もいた。だが，それはある種の自己欺瞞である。

　社会問題を解決するために新しい組織を作り出したり，あるいは既存の組織を改革するためには，その前にまずその社会問題を構成する要因の一人である，自分自身の姿勢やアプローチこそ，問い直す必要がある。それをしないままで，世の中が無理解だとしているならば，それは変わらない現実を否定的な形で鵜呑みにしているという点で，社会システム適応的視点から逃れられていない。「どうせ」「仕方ない」という呪文を吐いて，その呪文の実現を待ちわびる予言の自己成就モードを引きずったままである。

　簡単に変えられない問題に出合ったとき，なぜ変えたいのか，それは自分にとって重要な問題なのか，なぜ業務時間外も使ってエネルギーをかけて取り組みたいのか，それを自分がしたい理由は何か……など，「私」への問いかけが

必要である。これは5つのステップに立ち戻るならば，問題に出合い，我が事として問い始める，というステップ1～2のプロセスである。マイプランの作成においても，何度もそれを自問自答する。そして，この自問自答の上で，他人の前で発表し，仲間や講師からコメントやアドバイスをもらうプロセスは，「ステップ3：自分だけではうまくいかないから，地域の他の人々とつながりをもとめ，個人的ネットワークを作り始める」そのものである。平野の整理で言うなら，問題の「読み解き」や「編集」を，マイプランの中で行うのである。マイプランでは，事業計画の作成まであるが，そこまで行き着かない受講生も少なくない。でも，この「読み解き」から「編集」のプロセスを体感するだけでも，大きな自信につながるし，一度その経験をしておけば，「組み立て」も具現化可能である。これは，この2年間，マイプランをこの「学校」で実践してみての偽らざる感想である。

　「対象者を変えたい」の前に「私が変わりたい」という立ち位置から，客観的ではなく主観的な物語形成を行うことが，マイプラン作成プロセスである。そして，この主観的な物語形成こそ，ソーシャルワーカーが5つのステップを実践してきたことそのものである。従来はこれを「カリスマワーカー」の「職人芸」と見なし，継承や伝達は不可能なもの，とされていた。だが，コミュニティビジネスや地域おこしの担い手養成に使われてきたマイプランの枠組みは，地域福祉の現場でこそ求められていた主観的な物語形成のツールなのである。もちろん，マイプランをまとめたパワーポイントのシートだけが重要なのではない。マイプラン形成を通じて，自分だけではうまくいかないから，地域の他の人々とつながりをもとめ，個人的ネットワークを作り始める経験を「我が事」としてすることが，地域福祉の担い手にとって，死活的に重要になるのだ。

　つまり，マイプランを作るプロセスとは，5つのステップの体感であり，事業・仕事だから行うという職業モードから，私が関わる，私のやりたいことに興味を持ってくれる人を巻き込むという，私から私たちへの市民活動モードへの転換なのである。そして，厚労省のいう「『他人事』になりがちな地域づくりを地域住民が『我が事』として主体的に取り組」むプロセスには，まず支援

者自身が他人事的な職業モードでなく，私が関わる，私のやりたいことに興味を持ってくれる人を巻き込むという「我が事」モードへの転換が必要不可欠なのである。

　僕にとってこの気づきは，支援現場の現任者にとっても共通する普遍的な課題である。これは，「無理しない」地域づくりの学校を運営し始めて，予感から確信に変わりつつある。

注
⑴　竹端寛（2003）「精神障害者のノーマライゼーションに果たす精神科ソーシャルワーカー（PSW）の役割と課題——京都府での PSW 実態調査を基に」大阪大学大学院人間科学研究科博士論文。
⑵　このことは次の記事に詳しい。竹端寛（2012）『障害者制度改革の重大な岐路』シノドス（http://synodos.jp/welfare/1805）
⑶　厚生労働省ホームページより（http://www.mhlw.go.jp/file/05-Shingikai-12601000-Seisakutoukatsukan-Sanjikanshitsu_Shakaihoshoutantou/0000134707.pdf）
⑷　厚生労働省ホームページ（http://www.mhlw.go.jp/file/05-Shingikai-12201000-Shakaiengokyokushougaihokenfukushibu-Kikakuka/0000153276.pdf）
⑸　ボーンスタイン，D. ＆デイヴィス，S.／井上英之監修（2012）『社会起業家になりたいと思ったら読む本』ダイヤモンド社，166.
⑹　くわしくは注⑵の HP 参照。

第**2**章　他人事から我が事へ　　39

第 **3** 章

地域福祉をときほぐす──目でみないで心でみよう

・・・

西村洋己

　福祉の世界を知らずに，たまたま働き始めた僕は，そこで出会う人たちに魅了された。でも，何か面白くなさそうな顔をしている人がいることにも気づいた。今の地域福祉は，何かどんどん退屈なものになっていないだろうか。もっと自分たちが面白いと思うことをやったらいいのではないか。そんな疑問を持ちながら，僕自身がだんだん「立場」に追いやられていた。そしてこの学校との出合い。凝り固まった地域福祉をときほぐす日々となった。

1　地域福祉にこんがらがった僕

僕について

　僕は，1984年生まれ，今年34歳になる。現在，妻と二人の子どもと暮らしている。兵庫県のニュータウンで育ち，大学進学を機に岡山に来た。そこで大学の法学部を卒業して，2006年4月に岡山県社会福祉協議会（以下「県社協」）に就職した。中学校から大学まで一番夢中になったのは，音楽である。今は，子育て中でなかなか活動できていないが，僕はバンドをしている。自分で歌詞を書き，曲をつくって，歌を歌う。時々，絵も書いている。つまり，表現者でもある。だから，この本で何度もふれている「私を出すこと」については，苦手ではなく，むしろ自然にそうしていた。いろいろな音楽を聞くが，ボブ・ディランや忌野清志郎など，社会に対して，風刺を交えながらメッセージを投げかけるようなアーティストが好きで，自分自身もそのような歌を多くつくってき

た。なので目の前の「枠組み」を疑うということも，ふだんからしていた。

僕と社協の出会い

　そんな僕が県社協に入ったのは本当にたまたまとしか言いようがない。就職活動はしていたけれど，そもそも特にこれを仕事にしたいというものはなかった。ただ，そのなかでわかったことは，自分自身が良いと思っていないものやサービスをすすめるような仕事はできないなということだった。せめて，自分の暮らしに身近な仕事がしたいと思っていたころに，たまたま県社協の求人を見つけて，この組織ならそういう仕事ができそうだと応募したのだ。身近に福祉業界で働いている人はいなかったし，障害のある兄弟や友人がいたわけでもなく，家族の介護もしたことがない。施設にボランティアに行ったこともなく，福祉は，本当に未知の世界だった。だから，求人票を見つけるまで「社会福祉協議会」という言葉すら聞いたことがなかった。

　就職して2年目に地域福祉部に異動になり，そこで市町村の社会福祉協議会（以下，市町村社協）や地域包括支援センターの職員を対象とした会議や研修を企画するなかで，いろいろな現場に出向くようになる。当時，担当していた仕事のなかに，ふれあいサロンのつながりを生かした見守り活動を普及させるというものがあった。ただ自分自身が地域で支え合う関係を意識したことがないので，「助け合い」や「支え合い」の必要性を伝えるときに，どこかうそくさいなと思う自分がいた。ニュータウンで育ったこともあり，中山間地の生活の実感にも疎く，地域で孤立している人にも出会ったことがなかったので，どうもピンとこなかった。「自分自身が良いと思っていないものをすすめるのはできない」と気づいて，社協を受けたと書いたが，結局，社協でも「地域の支え合い」という，自分自身がよくわかっていないものをすすめる仕事をしていた。そのころは，地域福祉というものは，どこかふわふわしたものに感じていた。現場では，地域の人や市町村社協の人に出会い，その熱心さは感じていたし，必要性も理解はできたが，県社協という中間支援の立場にいることもあって，どこか遠くに感じていた。

第3章　地域福祉をときほぐす　41

そんな僕が最初に，「支え合い」の真ん中に自分の身をおくことができたの
は，災害支援の現場である。2009年の夏，僕は初めて山口県防府市の災害ボラ
ンティアセンターの現場に派遣された。その5日後には県内の美作市が被災し，
災害ボランティアセンターの立ち上げから走り回ることになった。そこでは，
誰もが一生懸命に，被災者のために動いていた。これが助け合い，支え合いなん
だと，これをふだんから作っているのだと実感できた。そこでの色々な人との
出会いは僕のモチベーションを大きく上げてくれた。

　もう一つ，大きな感銘を受けたのは，ソーシャルワーカーという仕事との出
合いである。担当していた相談援助技術の研修を通じて，ソーシャルワーカー
と呼ばれる人たちが，自分たちが支援している人の事例を持ち寄り，その人の
生育歴や家族状況などを踏まえて，自分たちの支援は本当にこれでよかったの
かと悩み，スキルを磨いている姿はとても印象的で，世の中にこんな仕事があ
るのか，こんな仕事をして生きている人がいるのかと思った。当初は，この人
たちを応援したいということが仕事のやりがいになった。その後，働くなかで
自分もソーシャルワーカーになりたいと思った僕は，異動で福祉人材センター
に在籍した2年間の間に，通信課程を受け，ソーシャルワーカーの国家資格で
ある社会福祉士を取得した。

　再び地域福祉部に戻ったのが2013年である。この年，一つの転機があった。
実はそのころ，県社協を辞めて現場のソーシャルワーカーになろうと思ってい
た。お金も理解者も少ないなかで，必死に目指す社会を実現しようとしている
人がいるなかで，お金も歴史もあり，地域の信頼も強いはずの社協は，何をし
ているのか。社会を変えるポテンシャルを持ちながらビジョンがなく，それを
活かそうとしていないのではないか。福祉の現状を知れば知るほど社協のいい
ところが見出せなくなり，そこで働いている自分が嫌になっていた。もっと厳
しい環境で切磋琢磨しながら仕事がしたいと思い，初めて上司にも辞めたいと
伝えた。働きたいと思った職場で働く先輩にも相談に行った。転職について相
談したほとんどの友人が背中を押してくれた。そのなかで，一人だけ反対した
のは，年上のある市社協職員の友人だった。会議の後で，辞めようと思うと切

り出すと，はっきりと「俺は反対だ」と言われた。「西村くんは，まだ何もして
ない。県社協という組織として，できることはまだまだあるのではないか」と。

　これまで相談した誰にもそんなことを言われなかった僕は，その場でやりた
いことを聞かれて，しどろもどろになった。このことばがきっかけで，もう一
度，転職を考え直した。自分は逃げようとしているのではないか。新しい現場
への不安ももちろんあった。何より，新しい職場での仕事は本当にしたいこと
なのか。今の職場が嫌になったという気持ちの方が強いのではないか。悩んだ
すえに，もう一度この仕事を続けることにした。この友人には本当に感謝して
いる。そして，今思えば僕は，「県社協としてまだまだできることはある」そ
んな言葉を待っていたのかもしれない。

　また，この職場に残るのならば，この立場で自分ができることをもっと考え
ていこう，そして自分が面白いと思うことをどんどんしていこう。公私関係な
く，やってみようと決めた。これは，竹端さんと出会う数か月前のことである。
このあとの出会いが，僕の人生を大きく変えていくことになる。

面白い人と出会う場をつくる

　社会福祉士の資格取得をめざしているときに，もう一つの出会いがあった。
それは，「ファシリテーター」の青木将幸さんである。これまでも「ファシリ
テーション」の研修は何度か受けていたが，青木さんのワークショップを受け
て，その佇まいに大きなショックを受けた。「そこに集まった人を大事にする」
というありかたは，自分のこれまでの「落とし所に向かって進める」やり方の
会議を見直すきっかけになった。このころ，公民館で働く友人に誘われ，東日
本大震災について岡山からできることを考える講座のファシリテーターをプラ
イベートで務める機会を得た。これはそのあと2017年3月まで続くが，この講
座をへて，自分がファシリテーターを務めながら，ゲストを呼んで，場を開く
ということを増やしていくことになる。こうした経験をへて，友人たちといく
つか企画したイベントがある。

　大きな転換点になった一つが，2014年の11月に開催した「TALK！　福祉

第3章　地域福祉をときほぐす　43

×エンターティメント」というイベントである。内容としては，NPO法人ubdobeの岡勇樹さん，俳優・介護福祉士の菅原直樹さん，生活介護事業所「ぬかつくるとこ」の中野厚志さん，共同企画者の友人をゲストに，僕が司会を務めてのトークイベントである。こんなイベントを催すのは初めてだったが，なんとこの日は100人が集まり，すごい熱気に包まれた場になった。参加者の7割が何らかの福祉の仕事をしている人で，それ以外にも面白そうと思った人が集まってくれた。僕自身，このイベントの成功体験と，ここでできたつながりは大きい。このイベントには，後に「無理しない」地域づくりの学校第1期生となる森くんや難波さんたちも参加していた。

　このあとも仕事で講師に招いたゲストに，前後の空き時間に，プライベートのイベントにでてもらうといった形で，友人の協力のもと，2015年2月に藤田孝典さん，3月に稲葉剛さんなどを招いたトークイベントを開催した。また障害者の施設で働く友人の「フェスをやりたい」の声に，彼らが主催した音楽と福祉をテーマにした「グッドバブルフェス」というイベントもサポートした。こうしたことを重ねる中で，何かふだんの仕事よりもワクワクしている自分がいた。

　ただ，プライベートだけで企画していくことに，疑問も生まれていた。これを仕事でも実践できないか，こういうイベントをしかけるのも県社協の役割のはずだ。そういう思いが生まれていた。自分自身も，「面白い人に出会う」ことは自身が感化されるきっかけになり，「その出会いの場をつくる」ことは，自分でもできることはわかっていた。ただこの時点では，これを仕事で向き合っている「地域福祉の担い手の育成」にむすびつける発想に至っていなかった。

「寄り添い支援」といいながら，あるべき像をおしつけていた

　僕は，これまで地域福祉の担い手の育成にどう向き合ってきたのか。仕事を続ける中で，県社協の仕事は「市町村社協の寄り添い支援」であることはわかってきたが，実際には，「あるべき社協職員像」に振り回されていた。社協活動基本要項，社協活動強化方針など社会の変化に対応し，課題を解決するため

に中央からおりてくる「あるべき像」を必死で伝え，そこで示されている職員像に近づくためにはどうすればいいかを考えて会議や研修プログラムをつくっていた。当時，担当していたコミュニティ・ソーシャルワーカー養成研修でも，そうやって試行錯誤を繰り返してきた。もっと「本気」で地域に向かい合う人材を育てるにはどうしたらいいのか，そればかりを考えて必要だと思う知識，技術を，ほかの誰かが作ったもっともらしい言葉を使って，伝えていた。

　その研修を受けた市町村社協を回って個別に受講者にヒアリングする中で，いろいろな本音を聞くことができた。みんなが地域に出るときに，自信を持てていないことがわかってきた。しかし，その目の前の市町村社協職員の悩みや課題に，自分は本当に寄り添えているのか。自分の関わり方に，自信を持つことができず，大きな限界を感じていた。気持ちもくさりかけていた。

　自分の仕事に自信が持てない苦しみは，社協職員だけでなく，多くの福祉現場で働く人たちも日々感じていたものだった。みんな何とかしようともがいていた。でも，僕のしていたことは，その苦しみに寄り添うことではなかった。理想像を見せつけて，それとどれだけ離れているかを伝えていたにすぎない。この理想にたどりつくまで必死で努力するのが，専門職として当然で，それができないならその立場を他のやる気ある人材に明け渡してくれといわんばかりの勢いだった。まさに，次章で尾野さんのいう，「意識の低い人のダメ出し」である。それはさらに，あなたたちがあるべき姿に成長しないから僕が苦しいのだ，という本当に身勝手な気持ちを生んでいた。その時の僕は，目の前の人がどう生きたいかなど考えずに，専門職としか見ていなかった。

　もちろん，寄り添いたい気持ちはあった。でも，その方法がわからなかった。第**2**章で，竹端さんが書いている他者を変える前に，自分を変える**5つのス**テップを自分にあてはめると，まさにステップ1の手前にいて，自分のアプローチを変えることができていなかった。この「学校」を進める中で，「目の前の人と向き合うこと」の大事さに気づいていく。そして，それが，僕にとってのステップ1にあたる。このステップの資料は，何度も見ていたが，自分が実践できていなかった。

第**3**章　地域福祉をときほぐす　45

この「無理しない」地域づくりの学校は，そんな僕が「自分を変えてきた」プロセスでもあり，「本当に寄り添うとはどういうことか」「地域福祉の担い手の育成とはどうやって行うのか」を，体験する場となった。

ここからはこの学校に至るまでの経緯と，始めてからの学校の様子を，僕の気づきをふまえて述べていく。この取り組みは，僕の頭の中でこんがらがっていた地域福祉をときほぐすための時間だった。

2 「無理しない」地域づくりの学校ができるまで

竹端さんとの出会い――日々のオモロイと「地域福祉」をつなぐ

竹端さんを最初に知ったのは，twitter である。そのつぶやきは，斬新で目を引くものが多かった。ちょうど，転職することをやめて，面白いことをやろうとしていたときにブログにたどりつき，記事を読んでいると岡山の事例がでてきていた。それも，僕が担当している地域包括ケアシステムのことだった。これは仕事で呼べるなと，コンタクトをとった。

初めて会ったのは，その県社協が主催する地域包括ケアシステムセミナーという介護保険関係の研修だ。その研修は，前日入りしてもらい，企画メンバーと勉強会をした後に，懇親会，翌日にセミナーという，かなりていねいに時間をかけた内容だった。そのおかげで，先生と色々な話をすることができた。そこで特に共感したのが，「地域福祉」と「まちづくり」の関係である。重なるはずのこの2つが，どうも現場ではお互いに接点がない，もっと面白いことがしたいという僕の思いに強い反応をしめしてくれた。そのときに岡山の県北にできたあるシェアハウスの話をした。

研修後，メールをやりとりする中で，「自腹で行くから，もっと岡山のオモロイとこを連れ回して」という話になった。これまで，研修で招いた講師の人からそんなことを言われたことはなかったので，胸がおどった。この人と回るのは，面白いだろうなと思い，企画を考えることになった。

第Ⅰ部 「無理しない」地域づくりの学校という挑戦

竹端さんと会って色々と話す中でお互いに感じていたのは，福祉の側ではまちづくりの必要性を議論しており，まちづくりのNPOなども福祉の課題を議論しているのに，その両者がほとんど現場でつながっていないということだった。

　この「地域福祉」と「まちづくり」が交わっていない現状について考え，その接点を探すために，何かヒントがあるのではと，以前より行ってみたかった美作市の山村シェアハウスに行くツアーを企画した。当初プライベートで企画していたが，開催2週間前に何と県社協事業として，実施できることになった。こうして「竹端先生と回る日々のオモロイと『地域福祉』をつなぐ学びの渦への旅」という名前の視察ツアーを実行，社協職員を中心に，若手のソーシャルワーカーも交えた総勢20名が参加した。タイトルにある「日々のオモロイ」というのは，僕の名刺に印刷しているキャッチフレーズである。福祉の仕事において，普段の自分が面白いと思うものを大事にして，つなげていくことが必要と感じていたので，この名前をつけた。

　このときのツアーは本当にわくわくすることの連続だった。到着したシェアハウスで，「日々のオモロイと地域福祉をつなげる！」をテーマに座談会を行った。座談会では数か月前にNHKの「クローズアップ現代」で特集されていたマーシャル・ガンツ氏の物語りの力（パブリック・ナラティブ）の，ストーリー・オブ・セルフ→アス→ナウの流れを参考にしたいと伝えたところ，竹端さんから，下の①～③のような三題噺をしてはどうかという提案があり，それをやってみた。

①自分自身がどう日々の「オモロサ」を作り上げているか：lead the self
②そのオモロサを，自分だけでなく，周囲を巻き込みながらどう展開しているか：lead the people
③それが社会に向けてどんな発信につながっているか：lead the society

　この展開は，竹端さんのブログにも詳しいが，改めて，自身のオモロイを大事にできるかが大切であるという大きな気づきがあった。

尾野さんとの出会い──温かい人づくりの場に衝撃を受ける

　ツアーを終えて1か月後，竹端さんから「尾野寛明さんに会ってみないか」というメールが届く。尾野さんの人づくり塾の取り組みには，コミュニティワークとの強い接点があると感じていること，社協や福祉のわれわれとつながり，「コラボできたらおもろいかも」，と思っているとの内容だった。幸い，共通の知人がいたので，その方に仲介してもらい，高松から島根に向かう尾野さんと，岡山駅構内のコーヒーショップで会うことになった。

　その時は，僕も緊張していて，何を話したのかあまり覚えていない。ただ，尾野さんがしている塾をモデルに，福祉職を対象にした人づくりの場ができないかと考えていることを伝えた。尾野さんは，「それに近いことを考えていた」とわりとすんなり快諾してくれ，次は竹端さんを交えて会うことになった。帰り際，「ビール飲む？」とスーツケースから中国のビールを出し，渡された。ひょうひょうとした人だなというのが第一印象だった。

　そして，1か月後，再び，岡山駅の喫茶店で，初めて3人で話をした。その時は，こちらが勝手に一流の若手社会起業家というイメージを強く持ちすぎていてやたら緊張したのだが趣旨を理解してもらい，一緒にやってもらえるという話になった。尾野さんと別れた帰りに岡山駅前の噴水広場で「ひゃぁ，緊張したー」と声をあげていた竹端さんの顔をいまでも覚えている。ただ，この時はまだ，僕らがこれから進めるのが，どういう場になるかということはわかっていなかった。

　このあと，一度，尾野さんの現場を見に行こうということで，8月に，竹端さんは，島根県江津市「江津塾」へ，僕は，岡山県内の「津山たかくら塾」へ，それぞれ見学に行った。僕らはそこで，初めて，ゲストトーク，塾生のプレゼン，マイプランのブラッシュアップという一連の流れに参加した。この仕組みがよくできていることはもちろん，一番驚いたのは，そこがかつて経験したことがない前向きな議論にあふれた学びの場だったことだった。

　そこでの尾野さんは，駅で打ち合わせした時とは違うやわらかな雰囲気で，

なんとも素敵なファシリテーターをされていて感動した。竹端さんが送ってくれたレポートのメールを引用すると「双方向型の学び合いが場全体を支配していた。また，福祉だけ，というジャンル特定ではないので，異業種格闘戦の様相もある。でも，それがメンバー感のシナジーになっているようだった。僕はアウェー感満載で出かけたが，福祉分野でのコメントも役立つ場面が沢山あり，そもそも課題をかなり共有しているように思えた」。まさにこのような温かい場だった。それはこれまでみたどの福祉の研修の場とも異なるものだった。

そして，この時にお互いが感じたのは，思った以上に向き合っている課題に共通点が多いことである。これからはじめる講座は，社協職員だけの場にするのではなく，それぞれの地域で行い社協職員も行政も NPO も若者も参加する，そういう形の方が，良いのではという話になった。

3 「学校」のはじまり，心でみえたもの

参加者ゼロからのはじまり

視察をへて，とりあえず，これまでの県社協で進めてきた CSW（コミュニティソーシャルワーク）研修の受講者のフォローアップの場として，2014年12月と2015年1月の2回，試験的にマイプランを作る場を開催することにした。しかし，なんと全く参加者が集まらなかったため直前で中止を決定し，その場を作戦会議の場に変更することにした。このとき，僕たちは，まだこの講座が何なのかという言語化ができていなかった。竹端さんとも福祉の言語とまちづくりの言語がすり合っていないということを話した。実際，すでにまちづくりに関わっている人や，関心のある人の反応は良かったが，肝心の社協職員の反応はあまり良くなかった。

その会議のメモをみると，たとえば，こんなやり取りがある。「専門性を持った人で一番化けるのはどんな人？」という竹端さんの問に尾野さんは，「小さなテーマで動ける人が一番伸びる」と答えていた。このやり取りから，副題

第3章　地域福祉をときほぐす　49

に「小さな挑戦をしている現場職員の話を聞く」を追加した。

　そのほか，テーマを「ワーカーとしてのマイプランを考える」から「無理しない地域づくりを考える」に変更し，コピーを「プランを一緒に考えませんか？」から「ヒントを一緒に考えませんか？」に，そして会場も近所のお寺に変更した（**資料3-1，3-2**）。

　次章で尾野さんがふれているとおり，振り返れば，この時に「無理しない」地域づくりという言葉をはじめ，いろいろな基礎が作られていた。尾野さんの章に書かれている「焦りっぱなしの西村用務員」は本当その通りである。でも不安より期待の方が大きかったところもある。この時は，まさに2人から僕がエンパワメントを受けていた。何だかわからないけど，何とかなる。そういう楽観的な気持ちもどこかであった。何より，次の講座では，何かが生まれそうだという可能性を感じていた。そして，それは2つの意味で，当たっていた。

　作戦会議をへて，1月の講座に向けて再びゲストを調整した。今回は10名の人が申し込んでくれた。その中には，森くんや難波さんもいた。準備を整え，前日の夜に改めて，竹端さん，尾野さんに，明日はよろしくお願いしますとメールを送った。

　ところが，翌早朝，なんと妻が予定日より10日も早く破水，そのまま病院へ行き，出産することになった。初めての出産であり立ち会うと決めていたので，ここにきてまさかの事態だったがこれはもう仕方ないと，一緒に進めていた先輩にすべてを任せて，僕は研修ではなく病院に向かい，夕方，無事に女の子が生まれた。なんとも奇遇に，同じ日の同じ時間に，新しい場と，命が同時並行で生まれるという1日になった。まさにこの「学校」は，僕の子どもとともに産声をあげることになった。

　研修中は，その場に立ち会うことができなかったが，当日の打ち上げに少しだけ顔を出すことができた。講座では，非常に濃密なよい場が生まれたようで，そこでは，みんながとてもいい顔をして飲んでいた。参加者からも，来年，連続講座をするなら参加したいという発言も出た。まだにわかではあるが，手ごたえを感じたことで，次年度，本格的に連続講座として企画することになった。

準備を進める中で，講座の名前をどうしようかと悩んだ。尾野さんが関わる他の塾では，市町村を基盤にしているので，その土地名に由来して名前をつけるが，こちらは県単位で実施している。岡山塾では芸がない，岡山の特産品にちなむような名前もピンとこなかった。最終的には，尾野さんが会議の中で，ふと口にした「無理しない」地域づくりの学校という言葉を採用した。縮めて愛称をつけるには長いが，この場のスピリットを表す名前になった。

　チラシに書いたコピーは，「福祉の人が『福祉だけ』している時代でも，『福祉の人だけ』が福祉のことをしている時代でもない　福祉を考えるにはまちづくりが，まちづくりを考えるには福祉が欠かせない」とした。また，校長，教頭の肩書きを思いつき，チラシにも付け加えた。校長と教頭と用務員がそろい，「無理しない」地域づくりの学校がはじまった。

第１期──福祉とまちづくりの音合わせ

　第１期は，まさに走りながらの半年だった。開始前はなかなか人数が集まらず，焼きもきはしていた。でも，焦ってはいなかった。「無理しない」を掲げる学校に，無理に受講を促すのもおかしい。尾野さんも，のんびりいこうと言ってくれた。それでも，できるだけの呼びかけはしたが，社協職員の参加は一人だけだった。各社協からは，「全６回で，すでに４回しかいけないので，参加費が捻出しにくい」といった事務・金銭面の話や「すごくいい研修だと思うけど，これを受けて帰った後は，実践しないといけないというプレッシャーで二の足を踏んでいる」「仕事で余裕がない」など反応は様々だった。

　結局，受講者は１回目の参加者である森くん，難波さんを含めた５名が集まった。正直，講座としては，ギリギリ形になる人数だった。ただし，聴講生が各回約７〜８名は，参加してくれた。これまで，「まちづくり」のイベントで訪れていた，フリースペースや廃校で仕事ができることは，楽しかったし，毎回，聴講生がいるので，受講生の少ないこともあまり気にならなかった。

　第１期は，とにかく楽しかった。感覚としては，仕事とプライベートの境はなかった。面白いゲストを呼ぶ。事前に打ち合わせ，終われば飲み会。回を重

資料3-1　参加者ゼロ，幻の初回のチラシ

主催　(福)岡山県社会福祉協議会　コミュニティ・ソーシャルワーク研修　フォローアップ

オモロないなら、
　　　　　一緒にオモロクしよう

テーマ「ワーカーとしてのマイプランを考える」

1人のワーカーとして、今の自分の仕事をもう一歩踏み込んだ
　　やりがいあるシゴトにするプランを一緒に考えませんか？

日　時　平成 26 年 12 月 12 日（金）13：00～17：00　＊終了後、懇親会あり
　　　　平成 27 年　1 月 16 日（金）13：00～17：00
場　所　きらめきプラザ 3 階　介護実習室　（岡山市北区南方 2-13-1）　＊場所移動あり

講　師　竹端　寛さん　　　現場（福祉、行政、学生）を掻き回す、産婆術的触媒と社会学者の兼業。
　　　　　　　　　　　　　山梨学院大学　法学部　政治行政学科　教授
ゲスト　尾野　寛明さん　　(有)エコカレッジ代表　取締役
　　　　佐藤　洋子さん　　津山たかくら塾 OB　管理栄養士・ケアマネジャー
内　容
　（前半）尾野さんの特別講義　／　竹端先生×尾野さんのトークセッション
　（後半）尾野さんによるマイプラン演習　津山たかくら塾 OB 佐藤さんの実演プレゼンあり！

対　象　県内社協職員、ソーシャルワーカー、町づくりに関わる NPO スタッフ等関心のある方
参加費　3,000 円（2 日間）　　定　員　10 名
申　込　下記メールもしくは、お電話にてお申込みください。
問い合わせ
　(福) 岡山県社会福祉協議会　地域福祉部　担当：西村・吉田
　oka.csw@gmail.com　　TEL　086-226-2835　FAX　086-225-6602

▷どこがちがうか見比べると……

資料3-2　反省会を経て，修正したチラシ

主催　(福)岡山県社会福祉協議会　コミュニティ・ソーシャルワーク研修　フォローアップセミナー

オモロないなら、一緒にオモロクしよう

 竹端寛　×　尾野寛明

「無理しない地域づくりを考える
～岡山県内で小さな挑戦をしている現場職員の話を聞く～」

1人のワーカーとして、今の自分の仕事をもう一歩踏み込んだやりがいあるシゴトにするためのヒントを一緒に考えませんか？

日　時　平成27年　1月16日（金）13：00～17：00　＊終了後 懇親会あり
場　所　長泉寺（700-0807　岡山市北区南方3丁目10番40号）＊きらめきプラザから徒歩約7分
講　師　竹端　寛さん　　現場（福祉、行政、学生）を掻き回す、産婆術的触媒と社会学者の兼業。
　　　　　　　　　　　山梨学院大学 法学部 政治行政学科 教授
スペシャルゲスト　尾野 寛明さん　　(有)エコカレッジ代表 取締役
ワーカーゲスト　　山脇 節史さん　いかさ田舎カレッジ地域プロデューサー養成講座2014受講生
　　　　　　　　　河原 彩花さん（NPO法人だっぴ）
　　　　　　　　　その他　自分を活かしながら私・仲間・地域を巻き込む小さな挑戦者たち数名
内　容　＊多少変更する場合があります。
（前半）尾野さんの特別講義
（後半）県内の「小さな挑戦ワーカーたち」×尾野さん＋竹端先生のトークセッション
対　象　県内社協職員、ボランティア・コーディネーター、ソーシャルワーカー、町づくりに関わる
　　　　NPOスタッフ等関心のある方、学生等
参加費　1,000円　定　員　30名
申　込　下記メールに必要事項を記入の上、お申込みください。
必要事項：氏名・所属・連絡先・来場方法・懇親会参加の有無
問い合わせ　(福)岡山県社会福祉協議会　地域福祉部　担当：西村・吉田
　　　　　oka.csw@gmail.com　　TEL 086-226-2835　FAX 086-225-6602

この日は、お寺をお借りして開催します。午前中は、「とんど焼き」をしているので、興味のある方は申込の際に教えて下さい！

▷変化したところにマルをつけた

ねるごとに，変化していくマイプラン，その中で関係ができていくのも楽しかった。まだ魅力は完全には伝わっていない。でも確実に，何か面白いものが生まれているという感覚があった。当時のメールを見返すと，毎月開催の講座なのに1か月後の会場が決まっていない，ゲストが決まっていないということが多々あったことがわかる。4回目は，受講生だった難波さんの申し出にも助けられた（第**6**章参照）。しかし，むしろ事前に決めることで，よさがなくなるくらいに思って楽しんでやっていた。

　この第1期は，「無理しない」地域づくりの学校を従来から続けている「CSW講座」とそのフォローアップとして位置づけており，事業名は「CSWスキルアップ研修」としていた。このあたり，実は主催者にも，この研修をどういう位置づけにすればいいのかわからなかった。社協にとって，必要な研修という位置づけにすることができていなかった。この第1期は，福祉職をいかに成長させるか，そのための取り組みの一つ，という認識だった。

　第1期の中で，一つ大きな失敗があった。それは受講生の「不登校」である。第1期の第4回目尾野さんが不在だった。ゲストもなしで，竹端さんと僕が中心で進めたのだが，肩に力が入り受講生の一人のプレゼンに大きく「だめだし」をしてしまった。これがもとで，そのあとその人が「不登校」になってしまった。それでも最終回には来てくれて，彼はプランではなく，カレーを作ってふるまってくれた。その受講生とは今も友人として関係は続いているが，本当に反省する出来事だった。

　この「不登校」に至る経緯は，第1期の象徴的なエピソードである。第1期を「まちづくり」の尾野さんがしている人づくり塾と，「福祉」の竹端さんや僕が行っている研修とのセッションにたとえると，毎回チューニングをしながら合う音を探りつつの演奏だったと思う。特に「目の前の人をどうみているかについて」のずれがあった。

　この学校では，福祉の専門職を対象にしていた。たしかに講座の募集要項にはそのように書くけれども，実際に相手にしているのは，専門職と呼ばれている一面を持つ，一人の人間だ。頭では，わかっていたのだけれど，接する方法

がわかっていなかった。それを第1期をかけて，尾野さんと受講生のやりとりから学んだ。つまり，相手が専門職だととらえれば，「こうあるべき」という理想像を示して，それとの比較をして「ダメだし」をすることができる。しかし一人の人間ととらえれば，そもそもその人がどうありたいかによって，進む方向は変わるし，「こうあるべき」など示しようがない。そうであれば，どうありたいかをその人が考えやすいよう，素直な言葉がでてくるような言葉かけ，雰囲気づくりをしていくしかない。まず，そこに気づいた。これが第1期目の大きな気づきだった。

　受講してくれたみんなを考えると申し訳ない気持ちだが，実践の中でしかわからなかった気づきだと思う。ちなみに，バンドでの僕もよくチューニングが狂ってメンバーを困らせている。

第2期——仲間づくりの日々

　第2期は，社協職員の参加をどうしても増やしたかった。そのために学校が始まる前に，紹介する機会，お試し講座を持ちたかった（第5章参照）。ただ「無理しない」地域づくりの学校プレセミナーというような打ち出し方では，人は来ないだろうと思った。そこで，この年からの新しい企画として考えていた「社協職員基礎研修」の講師を竹端さんにお願いした。この研修は，新任もキャリアのある人も改めて基礎を学ぼうという趣旨だった。当初は研修の位置づけに悩んでいたが，第1期を終えて，この学校の取り組みは，社協職員の誰にとっても基礎になるものだと感じていた。実際に竹端さんと出会うことで，受講も促しやすい。その日は，前半は社協の先輩から話を聞く場，後半は竹端さんの話を中心に，いわゆる「社協の活動原則」などにはふれず，マイプランの1枚目を書いてもらうなど，自分と向き合うことを中心に場を持ち，それが基礎になるのではないかと伝える内容にした。

　また，この同日の夜には，福祉施設職員向けにもプレセミナーを開催した。ゲストは1期生でこの学校のOBである森くん，難波さん。OBがゲストというのは第2期だからできることである。この学校の取り組みを一緒に伝えてく

第3章　地域福祉をときほぐす　55

れる仲間の存在は本当に心強かった。どちらも非常に評判がよく，結果として
このプレセミナーをきっかけに何名かが受講を決めてくれた。

　振り返ってみても，第2期は，かなりスムーズに進んだ。それは，僕らがこ
の取り組みをかなり言葉にして伝えられるようになったこと，そしてこのOB
の存在が大きい。2人には，第2期の初回のゲストもお願いした。2人が話す
のを後ろから見ていた用務員の僕は，終始ニヤニヤしていたと思う。それくら
い仲間がいるうれしさがこみあげていた。人集めに苦労した第1期目と違って，
第2期目は，第1回を前にすでに6名の応募があった，その中には社協職員も
3名いた。しかも，この初回では，聴講に来ていた3名がその場で受講を決め
てくれるといううれしい出来事もあった。もう一つ，本当にうれしかったのは，
第**8**章を書いた，京都府社協の北尾さん，西木さんが見学に来てくれて，京
都でも実践をはじめたことだ。他の都道府県社協が興味を持って参加してくれ，
そして同じ悩みを共有できたことは，大きな励みになった。

　第2期の受講者は10名。社協職員以外にも，障害者施設の職員や，ケアマネ
ジャー，福祉系大学の学生などで，聴講生は各回平均10名が参加してくれた。
中には全部の回を聴講してくれた人もいる。受講にあたっては，社協職員は必
ず仕事で参加するようにしていた。それ以外は，仕事での参加，プライベート
での参加が半々となった。年齢も20代から50代まで幅広く男女比も半々だった。

　この第2期では，そこに来ている人を「専門職である前に一人の人間」とし
て接すること，「私」という存在を大事にして進めた。取り組むプランの内容
は，直接業務につながるものもあれば，そうでないものもあったが，はじめは
みんなプランづくりに頭が向くので「何をやるか」を中心に考えていたと思う。
色々なアイデアを受けて広がっていくプランも4回目くらいで行き詰まり，ほ
とんど手をつけられなかったりする受講生もでてきた。だが，第5回目で大き
く変化した。この時は，受講生が自分の家族のことだったり，これまで隠して
いた素性をカミングアウトしたりと，かなり自分語りの濃いマイプラン発表に
なった。それは，「専門職として何をやるか」を考えていたマイプランから，
「一人の人間としてどうありたいか」に変化した瞬間でもあったと思う。

第Ⅰ部　「無理しない」地域づくりの学校という挑戦

もちろん第1期でもそれはあったが，こちらの意識，場の持ち方が変わった
ことで，より起きやすくなっていたのではないかと思う。まさに，立場の私よ
り，本音の私がでてきた回だった。そして最終回のみんなのマイプランの発表
は，それぞれの人生を切り取ったショートムービーを見ているような感覚だっ
た。それは専門職という立場からではなく，一人の人間としての言葉だったか
らだと思う。

　また受講生も10名が集まったことで，1期目より「仲間づくり」の醍醐味を
味わうことができた。この学校での出会いがきっかけとなって，受講生同士が
それぞれの活動に公私関係なく行き来し合う光景は，このあと何度も目にする。
それは「友達」になったというわけではなく，地域づくりを仕掛ける「同志」
としての付き合いという感じである。これまで，社協同士や福祉職員同士が研
修で交流しても，そんな光景は見られなかった。それは，やはり「立場」と
「立場」のお付き合いになっているからだと思う。竹端さんや尾野さんがいう，
「全人的関与」をより実感できたし，まさに立場や職種を超え，つながってい
くことを目の当たりにした瞬間だった。

目でみないで心でみよう

　第1期，第2期を振り返って，第1期は，「言語化のトレーニング」を前面
に出していたが，2期目は，「その人がどうありたいかを大事にすることと仲
間づくり」を重視していた。

　第1期が，「言語化のトレーニング」を押していたことは，特に竹端先生と
僕が「福祉の専門職はこうあるべき」という理想像にこだわっていたところが
強い。福祉の専門職は，言語化が足りないので，そこを強化しないといけない
という考え方にしばられていたので，そこがうまくできない受講生には，厳し
いコメントをしてしまうことになった。今，思えば，僕らは第1期目の時は，
「あるべき姿」に成長させるために「この場を利用している」ところがあった
と思う。それは，第1期に竹端さんに書いてもらった，校長メッセージの文章
からもよくわかる。

第3章　地域福祉をときほぐす　57

○校長メッセージ 「自分の作りたい未来を言語化する」

地域づくり，とか，社会資源の開発，という前に，自分が何をしたいか，地域の住民の方々にどのようなサポートをしてほしいか，自分が目指す未来や目標とはどんなものか，を，あなた自身は言語化できていますか？

自分の「こうしたい」という未来やビジョンを言語化できない人には，他人は協力も出来ないし，賛同者もネットワークも拡がりません。ボランティア活動の組織化や，地域での支え合いのネットワークづくりには，まず仕掛ける側が「どんな人で，何を，なぜしたいのか」といった5W1Hの言語化が必要不可欠です。しかし，この「言語化」こそ，対人直接援助職の皆さんが，最も苦手とする領域でもあります。（以下省略）

竹端先生の言葉に「本気でやっている人は……」という言い回しが多かった。本気さが足りないと思っていた僕も「本気かどうか」にこだわっていた。でも，尾野さんは違った。本気がどうとか，理想がどうとかは，ほとんど言わなかった。ただ，どうしたいかを聞いていた。

同じ専門職でもおそらく医師や看護師などと比べると，社協などの地域づくりに関わる専門職については，「職業としての目指す姿」みたいなものが，曖昧である。だから，「あるべき理想像」を伝えるよりも，「どうありたいか」を考える場が必要ではないかと思う。尾野さんは，そもそも主婦やサラリーマン，学生など，専門職ではない色々な人を相手にしてきていた。そこでは，「普段はこんな仕事をしているけど，自分はこういうことに関心を持っている」と，むしろ仕事をしている自分は，自然と後ろにくる。この方法がマッチングしたのは，そういう背景もあると考えている。

第2期以降は，僕たちは表立って「言語化」を言わなくなった。前述のとおり，第1期は，「専門職」を相手にしていたので，それにふさわしい立派な言語化ができることを期待していた。しかし，それは，説得力のあるスピーチのできる人を育てようとしていたということであり，それでは結局，住民を丸め込むことはできても，本当の共感は得られない。

その反省をふまえ、第2期では、「専門職である前に一人の人間」であること、つまり「私」という存在を大事にした。すると、アプローチする部分が明らかに変わった。具体的には、その人の本音や、その人が「どうありたいか」を大事にできるようになった。ここを大事にしていたら、言葉はその人の中から自然にでてくる。地域づくりを進めていくうえでは、その言葉こそが大事だ。地域は、学会発表の場ではないので、専門用語で理論武装した言葉だけでは本当に共感を得ることはできない。

もちろんそれができていれば、専門性が不要かというとそうではない。地域のニーズに応えていくためには、その土台の上に、積み上げた専門的知識や技術が必要である。でも、根っこにある一番大事な部分は、「ありかた」であると僕らは考えている。最後に、2期目を終えて、Facebookに書いた文章を載せておく。

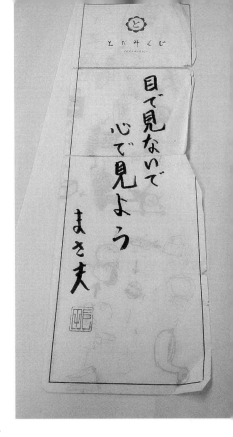

本当は、一緒にやっていく仲間たちのはずなのに、ことあるごとに「こうあるべき」を押し付けてきた10年だった。でもそれでは、人は変わらなかったし、自分もしんどかった。

みんな、自分で課題を解決する力がある、そう信じて向き合う。その力を引き出すために、内なる自分の声との、垂直の対話ができる場を、安心して自分をさらけ出せるための場を開く。僕が色々な人に頼りながら、知恵を振り絞って、力を注ぐべきはそこだったんだなと改めて思う。

たくさんのうれしい言葉をメモした。その中で、地域にでるときに、今まで「私」を出すということをしてはいけないと言い聞かせていたというある先輩の

言葉。

　「このプランを人生の道筋にしていきたい。地域に出ることが楽になった。この場にきたことで，表面上は変わってないように見えるかもしれないけど，心の奥の方で変化が起こっている気がする。」

　この場で何か知識や技術を身につけたわけではない。ひたすら，自分と向き合って，掘り下げて，自分で気づく時間はしんどい。でもそのしんどさを仲間と共有する。そして，少しずつ小さな一歩を踏み出す自分に，仲間に，どんどんワクワクしていく。

　改めてみんなありがとう。「無理しない」は，楽するという意味ではない。元々の自分を活かす，一人でなく仲間をつくるということ。さて，次の仕事は，この営みをしっかり言葉にしていきます。

　この学校をはじめる前の2015年3月，31歳の誕生日にある「おみくじ」をひいていた。前述の「グッドバブルフェス」というイベントに出店していた「ぬかつくるとこ」のとださんの「とだみくじ」である。そこには「目で見ないで心で見よう」と書かれていた。目にみえる一面的なものしか見えていなかったけれど，その人がどうありたいかは，心で見ないとわからない。この学校を進めるなかで，こり固まった地域福祉をときほぐして，心で見えたものは，「私」という存在だった。そしてこの仕事において，それが一番大事だと気づかせてくれた。

注
(1)　第1期3回目のゲスト中野厚志さんが代表を務める生活介護事業所（早島町）。
(2)　戸田雅夫さん（戸田さん）が営むおみくじ「とだみくじ」の店。「とだみくじ」には通常よく目にする「大吉」や「凶」など，その時の運勢を占う言葉は載っていない。代わりに，戸田さんが紡いだ，なにげない一言がそっと直筆で綴られている。些細だけれどすこしおかしい。優しくて時に鋭い戸田さんの一言である。

第**4**章

「幸雲南塾」からの全国展開
──起業しなくても良い塾ができるまで
• • •

尾野寛明

　私（尾野）は，島根県の過疎地の古本屋の社長である。今から10年前に東京から島根に本社を移転させ，過疎地の家賃の安さを活用して貴重な専門書を保管し，通販で全国へ販売している。いまでは障害者就労支援も併設し，島根と岡山の2か所で就労継続支援A型事業所の代表も務めているが，福祉には何の縁もなかった人間である。

　本章では，そんな人間が，「我が事」として地域の課題に取り組む「担い手」を発掘する塾を企画し，さらに福祉版の「無理しない」地域づくりの学校に至るまでの経緯を，振り返っていく。その中から，マイプランの添削による人づくり・地域づくりの手法について明らかにしていきたい。

1　「我が事」として地域の課題に取り組む

担い手不足を解決するには

①　地域課題の検討はするが……？

　地域にいると，様々な「検討会議」なるものが開催されている。住民自治，定住対策，地域福祉……などなど。行政や住民や有識者が参加し，様々な議論がなされ，地域の課題が明確に言語化されていく。会議によっては，こうした議論をもとに政策が決定されていくこともある。

　会議が行われる事自体を否定するつもりはない。ただ，高齢化と人口減少に直面する日本の地域の現状を踏まえると，いくつかの問題点にぶつかることと

なる。まずは，出席者の問題。自治会長，福祉関係者，地元経営者，婦人会
……と「枠」で割り振られていくため，どの会議も出席者が変わらなくなって
くる。若い人も少なく，こうした話し合いの場とますます遠ざかってしまうこ
とになる。

　もう一つが，地域課題をどう解決するのか，という問題である。会議を通じ
て課題は明らかになり，関係者間で共有された。では，誰が担当しますか，と
いう段になるとみんな下を向いてしまう。結局みんな忙しいので，取り組んで
いる余裕がない。そもそも高齢化に伴う若い担い手不足で様々な問題が起きて
いるのだから，担い手不足そのものを解決する方法を考えていくべきではない
か。そう思うようになっていった。

　②　担い手は，発掘できる

　ではどうすれば新たな担い手は見つかるのか。私自身が感じていたのは，担
い手不足と悩んでいても，実は周辺に地域のことにもっと携わりたいと思う若
い人が意外と多いということであった。地域活動サークルを運営する大学生も
増えてきており，活動する現場を探し求めている。普段は会社勤めや子育て中
の身だが，自分の空き時間で取り組んでみたい活動がある人も多い。自分の地
元で活動に取り組みたいが，自治会の青年部といった枠組みで活動すると制約
が多く，上からこき使われてしまうおそれがあるので，それとは別のつながり
で活動したいという人もいる。

　こうした人々を，地域の新しい担い手として発掘し，既存の枠組みではない
新しい横のつながりを形成していくことで，地域課題に立ち向かう新しい力を
作り上げていくことができないかと考えるようになった。

起業しなくても良い塾

　地域では，「起業塾」と銘打ったものが数多く開催されている。それも問題
があると思っていた。もちろんそこから素晴らしい創業事例が生まれることも
あるから，起業塾自体にも意義はあると思う。ただ，何件起業したかが運営側
の成果として求められるため，無理に創業を後押しされてしまうケースも見て

きた。起業しても良いが，起業がゴールではなく，どんなに小さくても良いから地域の担い手となってもらうことをゴールとする。そして，地域にこれまでなかった新しい若者たちの輪を創出していく。そんな場を作るべく「起業しなくても良い塾」の構想が固まっていった。

そうやって様々な分野で「我が事」で地域の課題に取り組む人々が集まることとなった。そこには気負いもなく，純粋に試行錯誤を重ね，自らを成長させていこうとする人々が集った。彼らはこれまで地域の中では孤立する存在でもあった。何か行動を起こそうとしても，「そんなに身を削って頑張らなくてもいいわね」と言われてしまうし，何より，地域の中で出る杭となって打たれてしまうのは怖い。だから，ずっと遠慮して暮らしてきた存在であった。

こうした塾の場は，そんな人々が集い，月1回，夜な夜な語り合ううちに，同じように行動している仲間という意識が芽生えて，確固たるつながりとなっていった。それが自信にもなり，異なる分野で協力し合うようなつながりが地域内で形成されていった。

マイプランという手法

① マイプラン方式のなりたち

この塾のような講座を運営するにあたって，受講生はある程度固定のメンバーで，緩やかな雰囲気で発表しあい，語り合う講座にしようということになった。そこで目をつけたのが，「マイプロジェクト」という方式である。

マイプロジェクト（マイプロ）とは，日本で社会起業家の育成・輩出に取り組む井上英之氏（INNO-Lab International 共同代表／慶應義塾大学大学院 政策・メディア研究科 特別招聘准教授）が，2005年から慶應義塾大学総合政策学部「社会起業論」の講義にて，実務と理論を合わせた講義を開発する際にできあがったものである。

自分の生活，学校，仕事の中で感じている小さな疑問や違和感，問題意識に焦点をあて，そこから生まれてくる想いからプロジェクトを創る。受講生をある程度固定し，半年や1年間など長期間，仲間同士考え続け，成功，失敗，変

化を共有し，支え合いながら自分自身の第一歩を踏み出していく。近年は
NPO法人カタリバが主催する「高校生マイプロ」が拡大しており，全国で200
近くの高校生主体のプロジェクトが運営されている。毎年３月に開催される
「全国高校生マイプロアワード」はこれらプロジェクトの全国大会であり，大
きな盛り上がりを見せている。

　ある時，井上研究室のゼミにゲスト講義に赴くと，学生がマイプロ発表をし
て自分事で身の回りの社会課題に取り組む姿がありそれが記憶に残っていた。
地域でマイプロ方式の導入ができないか模索するきっかけでもあった。

　②　「自分」を起点に「みんなのもの」へ

　しかし，現在のところ私自身が各地で実施している塾では，「マイプラン」
という名前で浸透している。名称が変わっていった理由は主に３つあるが，一
つは，ただの手違いである。後述の「幸雲南塾」立ち上げの際に，「マイプロ
ジェクトという手法を導入して，塾生に課題を課すことにする予定です」と説
明するのだが，どうもうまく説明がつかない。そこで少し噛み砕いて，「塾生
がプラン作成を進めていくんです」と話すと，理解が深まる。地域においては
物事が様々な「計画」に基づいて動いていることが多く，「プラン」というと
把握がしやすいのだと思う。また，地方でのこうした講座は行政からの委託事
業で運営されていることが多いため，最終的な成果物として塾生が作ったプラ
ンが手元に残るというのは運営上都合がよかった。そのうち，「マイプロジェ
クト」と「プラン作成の塾」が混同し，「マイプラン」という言葉が浸透して
いくようになった。

　ただ，手違いだけではなかった。２点目の要因としては，「プロジェクト」
としてしまうと，地域においてはやや心理的障壁が高かった。こうした塾を開
講するにあたっての一番の目的は，地域づくりの「小さな担い手」を発掘する
ことであった。「行動しなければならない塾」というイメージが付いてしまう
と，受講生の発掘に支障をきたすおそれがある。最初の段階では，あなた自身
のプラン作成をしてみましょうという触れ込みにし，いきなり行動することを
求めないこととした。

第Ⅰ部　「無理しない」地域づくりの学校という挑戦

また，3点目として，周囲や地域全体を巻き込んだ活動になってほしいという願いもあった。「マイプロジェクトがアワープロジェクトになってくればいいよね」と運営側で話しているのだが，どうも語感が悪い。「マイプランをアワープランに」という方が響きもよく，結局，運営側もすっかり「マイプラン」という言葉に馴染んでいくこととなった。

では，実際にどのような形でマイプラン作成講座が進んでいったか，次節以降で見ていきたいと思う。

2　「起業しなくても良い塾」のスタート

島根県雲南市「幸雲南塾」の立ち上げ

島根県雲南市は，松江市と出雲市の南側に位置し（図4-1），2004年に6町村が合併して誕生した人口4万人，市内ほぼ全域が中山間地域で過疎指定区域の地域である。面積は東京23区の9割にあたる553平方キロメートル。高齢化率は35％を超える。

雲南市は，住民による住民のための町づくりの仕組みとして「地域自主組織」によるまちづくりを進めてきたことで全国的に知られている。小学校区単位を基本とし，市内を約30の自主組織に再編成。地域振興，生涯学習，地域福祉等の課題解決を住民自ら行う仕組みができている。

しかしそんな雲南市にも悩みがあった。自主組織により高齢社会を支え合うことはできているが，若い世代の担い手が明らかに少ない。そもそも若い人が少ないことに加え，若い人はこのような活動は遠慮しがちであった。自主組織の連絡会議においてもたびたび議題に上がるようになり，「ここは高齢者だけが頑張る町なのか」という発言が出るまでになっていた。

そんな中，尾野のもとへ協力の打診があり，「若者をターゲットにしたまちの担い手発掘・育成をすべき」と提案した。そして地域課題解決を担う若者の育成塾「幸雲南塾」が2011年よりスタートした。

第4章　「幸雲南塾」からの全国展開　65

図4-1 雲南市の位置

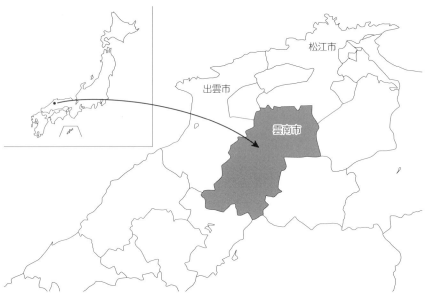

マイプラン作成と塾生の横のつながり

　塾の基本構成は月1回，約半年間の講座である。その期間，自分たちが手がけてみたい地域づくりを企画書として仕立て，最後に市民の前で発表して終了となる。まちの担い手を発掘・育成するためにスタートする次世代育成事業は，起業塾であることが多い。しかしこの塾は，「起業しなくても良い塾」であった。

　地域で何かをしてみたいという若者であれば分野を限定せず誰でも歓迎。塾生の中から一人でも新しい地域の担い手となってくれる若者が輩出されるように，塾生も塾長も事務局も共に行動し，学び合う場となっていった。

　第1期生として集まったのは12名。雲南市内出身者が半数で，松江市，出雲市などの近隣市の他，岡山県，広島県など県外からも集まった。地域のために何かしたい，という漠然とした思いを持つ人々が，デザイン，IT，伝統文化，

写真4-1　空き店舗再生で生まれたおっちラボのオフィス「三日市ラボ」

福祉などめいめいの関心分野を持ち寄り，アイデアを出し合った。

　誰かが地域で小さなイベントをするとなれば周りの塾生が手伝い，市内で就職が決まればみんなで喜び，そんなことを繰り返して自分自身と地域に向き合うあっという間の半年であった。各回のゲスト講師には近隣で小さな取り組みを実践している人が招かれた。そのためゲスト講師であっても塾開催後に相談できる関係も構築されていった。

　中間支援組織「おっちラボ」の活躍

　そして，ここまで広がった若者の動きを，市役所ではなく民間で支援していく中間支援組織が必要ではないかという結論に至る(1)。塾生のOBが主に会員となり，若者が若者を支えていく構造を作っていこうという話になった。

第4章　「幸雲南塾」からの全国展開　　67

団体名の「おっちラボ」は，出雲弁でゆっくりを表す「おっちら」に，研究所の「ラボ」を掛け合わせた造語である。2014年4月に団体設立となり，幸雲南塾第4期以降の運営業務を中間支援組織が担う体制となった。

　そうして，定住，空き店舗対策，地域自主組織関連，キャリア教育など市役所の外に出せそうな仕事を次々と出して負担軽減を図る作業を行っていった。一般のコンサルタント会社であればとても受けられないような委託費のものも多かったが，塾生OBたちにも協力を打診し，こなしていった。若い「新しい担い手」たちによる中間支援組織が形成され，様々な取り組みが始まっていった（**写真4-1**）。

3　経済効果2.2億円，6年間で構築された担い手の輪

　幸雲南塾は，2015年の第6期が終了した時点で卒業生80名を生み出した。その半分以上が市内で活動を続け，市内のめいめいの地域で小さな取り組みを続けている。彼らの中で起業をしている人はごく一握りで，普段は普通の会社で働いている人ばかりである。それがまた大事で，週末や自分の空き時間で地域づくりに携わる「新しい担い手」となってくれれば良いと思っている。ある人は自分の生まれ育った場所で，また別の人は自身の興味分野に合った市内の別の場所で，小さな動きが増えている。

医療見学ツアーと医療関係者の移住

　3期生のOBで島根大学医学部生の女性が「うんなん医療見学ツアー」という企画を考え出した。地方はどこも医師看護師の不足に悩んでいる。そして人材確保のために何千万円という対策費が投じられるのも通常である。しかし現行の取り組みでは，助成金で交通宿泊費を負担し，お願いだから来てくださいという低姿勢での視察受入が一般的だった。しかしいくら費用を積み上げても，来ないものは来ない。実費で参加してもらい医師看護師不足の実際と地域医療の魅力を見てもらう，と逆の発想をいくことにした。

都市部の医療機関で働きながら，実はいつか地域医療に携わってみたいと思う若い人は多い。これまで出会ったそうした人々に声をかけ，初回から多数の参加者を集めた。初回のツアーでいきなり音楽療法士，看護師，薬剤師の３名が雲南市に移住するという大きな成果を上げた。

　現在では「イイトコ発見プロジェクト」と名称を変え，１週間のプログラムの中で実際に集落の課題や地域資源を洗い出し，住民インタビューにも出向く。そうして地域医療をどう進めるべきかを考えていく。地域の健康増進にも役立つと喜ばれ，参加者も地域医療に出向く際の姿勢を学べると評価も高く，2015年からは東京大学医学部のサマーカリキュラムにも認定されている。これまで４回実施され，首都圏の大学生や医療従事者を中心に年間で100人以上が交流し，これまで13名の医療福祉関係者が移住した。医師も２名迎え入れるという驚異的な事態となっている。

訪問看護事業のスタート

　過疎地における訪問看護事業も実現した。雲南市にも訪問看護はすでに何か所か存在していたが，拠点病院とその周辺地区が主な対象となっており，中心部から遠い地区を対象としたサービスはなかった。こうした地区においてはバス事情も恵まれているとはいえず，片道３時間かけて薬をもらうためだけに病院に通い，診察はたった３分といった事例も多い。また，終末期にある患者が在宅医療への移行を希望しても，その受け皿がなく，最期を病院で迎えなければならないといった事例も多く発生していた。

　たとえ中山間地域であっても持続可能な医療体制を実現したいと考えていたときに，ちょうど医療見学ツアーを通じて看護師３名が雲南市にＵ・Ｉターンを検討していた。この若い３名に希望を託し，2015年７月に「訪問看護ステーション・コミケア」がスタートした。看護師３人の平均年齢は29歳であり，全国で最も若い訪問看護ステーションの一つである（**写真４-２**）。そして，中山間地域において病院など大きな機関の付属ではない民間の取り組みとしては全国初でもあった。

第４章　「幸雲南塾」からの全国展開　69

写真4-2　訪問看護ステーション・コミケアのメンバーたち

　訪問記録を，タッチパネルの情報端末で入力可能とし，事務作業の省力化を可能にした。訪問を終えたら車内で記録を入力して事務所へデータ送信，そのまま次へ訪問できる体制ができた。資金，経験といった開設にあたっての問題はおっちラボや幸雲南塾OBが持っている人的ネットワーク等を活用しながら解決している。

小さな担い手たちが積み上げた成果

　これら，「幸雲南塾」関連の取り組みで新規雇用は45名にのぼり，経済効果にして2.2億円という推計まで算出された。(2) 半数以上の成果は，おっちラボ，そして訪問看護コミケアの成果によるものだが，その他にも家業を継承した事例や自営業者として独立して事業を営む若者など，これまでにない様々な働き方が島根の山間部に実現したことになる。これまで地域を支えてきた地域自主組織と，これら若者が連携することで新たな動きも生まれている。マイプラン

作りをする緩やかな「起業しなくても良い塾」は，驚異的な成果を上げることとなった。[(3)]

4　成功の要因は「緩いつながり」

外の人半分，中の人半分

では，「幸雲南塾」成功の要因は何だったのであろうか，少し振り返ってみたいと思う。

一番の要因は，「外の人半分，中の人半分」で講座を開催し続けられたというのが大きかったと思っている。主催側は，地域内に新しい担い手発掘という大きな目的のために開催している。たとえば雲南市であれば，雲南市内の地域課題に取り組む新たな若い担い手の発掘育成，ということになる。しかし，こうした講座を開催すると，市内の若者は最初なかなか集まらず，様子見状態となるのが通常である。講座内容も充実しているし，ゲスト講師も楽しそう，でも初年度の参加は見送っておこう。そうした反応をする人が実に多いのである。

これは自然な反応だと思っている。特に地方に行くと，狭い人間関係に悩まされることが多い。自分なりの新しい活動を始めてみたいが，あまり目立ちたくない。できれば，誰か周囲でも活動しているその一角で活動を始めたい。杭が何本もあれば打たれる力は弱くなるので，最初の出る杭にならないのであれば，安心して取り組みを始められる。そうした意識が働くものである。

そのため，地域内の人々も安心して「複数の杭」に紛れられるよう，外の人にも適度に混ざってもらうのが良いのである。

市役所も議会から幸雲南塾の成果を問い質されることがあり，雲南市の事業として運営しているのになぜ市外の人も受講対象なのかと質問が飛ぶこともあった。市の担当者も講師陣も，ていねいに説明を続けていった。

所属にも多様性を

上記のように地域に多様性をもたせるのも重要であるが，これは地域だけの話ではない。「所属」にも多様性が重要となってくる。たとえば岡山の「無理しない」地域づくりの学校でも，当初からあった構想として，県内社会福祉協議会（以下，社協）職員の意識改革につなげていきたいという考えがあった。福祉のことだけに固執せず，地域の様々な関係者と対話しながら柔軟に課題を解決していける意識を養成していく場にしたいという主催者側の「願い」があった。

しかし，その願いが受講してもらう側に伝わりすぎてしまうと，受講者はためらってしまうことになる。意識変革を迫られる厳しい講座になるのではないか，と後ろ向きになり，結局は先程と同じで「行くのはやめておいたほうが良さそう」となってしまう。

また，実際に人が集まったとしても，似たような所属の人ばかりが集まると講座運営としては苦しいのではないだろうか。たとえば県内社協職員が集まったとして，「わが地区の社協では課題がこうで，こうした取り組みを行っていて……」「わが地区では……」「わが地区では……」と繰り返されても，どうだろうか。よそでも頑張っているんだね，という学びはあるかもしれない。同じ社協職員の視点で貴重なアドバイスが得られることもあるだろう。ただ，一般人にはよくわからない，共感度の低い発表になってしまうという悪循環に陥るという姿が想像できる。そこで多様な所属の人々がお互いにアイデアや取り組みを発表し合い，コメントし合うという場が必要になってくるのである。

多様な所属の人々によるコメント

岡山県の講座（「無理しない」地域づくりの学校）で実際起きた光景を振り返ってみる。多かったのは，社協職員の取り組みに対して，周辺の民間の立場で「こんな協力ができる」といったコメントであった。これはやはり勇気になる。そして，そんな取り組みをしているならもっと教えろ，今度視察に行かせてほ

しい，といった前向きなコメントも多かった。

　逆に，社協が考える課題設定に対して，そもそもその考え方，違わないかといった問いが投げかけられることもある。業界で当たり前と思っていたことを改めて一から考え直す機会にもなっていたように思う。そして社協職員も様々な立場の人々に共感してもらうために発表にも熱がこもっていくという好循環がそこにあった。

　福祉系学部に通う大学生と，社協職員とのやりとりも印象的であった。鋭「そうな」質問を投げて快感に浸ってしまう困った癖がある学生であり，頓珍漢な質問で場を凍らせてしまうこともしばしばであった。ある社協職員の発表に対し，やはりやらかしてしまった。私だったら怒り狂っていただろうが，その職員は自身の経験と失敗談を踏まえた見事な受け答えをしていた。

　学生にとっては社会人とのやり取りができる貴重な機会であったと思う。説明する側にもメリットがあるはずで，将来の県内福祉を担う若手を獲得するPRになるはずである。業界の常識が一般人には非常識なこともあり，そうした意識の格差に気づくのも貴重な機会と位置づけられるだろう。逆に学生のプラン発表にも社協職員からコメントをすることになるわけだが，その受け答えも冷静であった。肯定も否定もなく，社協という組織との連携の仕方はこうすべき，制度はこのように活用できると前向きなアドバイスをしていた。

　その他，本書でとりあげた例では，社協職員の近藤陽子氏と，施設相談員の難波衣里氏が意気投合して岡山市内で月1日の酒場を始めるまでの動き（第**6**章）も必見である。

　このように多様な所属の人々が集まることで前向きな場づくりができることが見えてきたのではないかと思う。そうして多様な人々の学びと成長を促している中で，結果的に社協職員「も」成長してくれて，結果的に社協の意識改革に「も」なったよね，となればよい。こういう状況を作り出すためにあえて多様性を認めていく，というのをひとつの手法としている。ここでは社会福祉協議会を例にあげてみたが，どのような所属に読み替えてもらっても応用できるはずである。

起業しなくても良い

　もう一つの要因として，幸雲南塾が「起業しなくても良い塾」であったのも大きかったと思う。これは上記の「多様な所属」とほぼ同じ話になるが，創業事例を生み出したいからといって，起業したい人たちばかり集めても効果は薄いということである。むしろ，福祉や農業，教育，伝統産業，空き家対策など様々な地域課題解決に取り組む多様な人々が集まる場を形成したほうが，創業につながりやすかったということになる。

　たとえば中山間地域の新たな在宅医療の境地を切り開いた「訪問看護ステーション・コミケア」であるが，関連雇用を15名以上創出する偉大な創業事例となった。しかし，発起人の矢田明子氏は訪問看護を起業するために幸雲南塾に通ってきたわけではない。当時社会人学生として看護学部に通う中で，大学に閉じこもっている医療系学生に地域医療の現場に触れる機会を作りたいと思ったから，それをマイプランにしますというだけの話であったのだ。医療とは全く関係ない塾生たちの助けを得て，医療見学ツアーなどの実績を重ねていき，結果的に偉大な創業事例となった，ということになる。

　起業しなくても良いという緩さを許容したことが，結果的に成果となったのである。

緩いつながりを保つ

　上記に付随する話でもあるが，緩いつながりを保ったのも，大きな成功要因であったと思う。こうした塾を開催しても，参加者が必ずしも高い志で参加しているとは限らない。ただ単に面白そうだったから，横のつながりを作りたかったから，誰か相談相手がほしかったから，といった漠然としたものであることのほうが多い。知り合いに誘われたから，といった程度のこともある。

　なので，マイプランを発表したからといって，必ずしもそのプランを実行する必要はなく，唯一の条件として，講座終了後も緩くつながっていてくださいとした。もちろん，一人でも多くの受講生にマイプラン作成を通じて成長して

もらい，斬新なアイデアと行動力で新しい動きを作ってもらうのが理想ではあるし，運営側もそのために最大限の努力をしている。だがそれと同時に，行き詰まったら無理しないで立ち止まっても良いということにした。

　自分が勤めている会社が忙しくなった，結婚や出産などでライフステージが変わった，などで一時的に歩みを止めざるを得ない人もいる。通常ではマイプランを続けていないからOBとして顔を出しづらいと，疎遠になってしまうことになる。しかし，そうした人も誰かのイベントを手伝ったり次の期の塾生の添削に付き合ってもらったりするなど，緩くつながれる環境を意識的に用意した。中間支援組織の「おっちラボ」が，彼らをつなぎとめた側面も大きい。

　そうしたことで，いったんはマイプランの歩みを止めてしまった人が，何年かたって突然活動を再開し，とてつもない成果を収めるといったことが多く起きることとなった。具体的には，しばらく中核市である松江市や出雲市で職を転々としていた人が，思い立ったように「おっちラボ」のスタッフとなり支援人材として能力を発揮したケースがあった。この女性は塾として参加したのは１期目の2011年。そしておっちラボのスタッフとして戻ってきたのは2014年であり，実に３年の空白期間がある。

　2012年に２期生で一級建築士として活躍していた女性は，雲南市出身であったが，松江市の建築事務所勤務であった。地元で活動したいという意思はあったものの既存の業務に忙しく，なかなか仕事に区切りをつけられない状況であった。しかし，2016年秋に突然地元に戻る宣言をし，自身の事務所を空き店舗再生の形で雲南市内にオープンさせた。実に４年の空白期間があったことになる。その他，継続状況のグラフを見ると全体の92％が卒業後も何らかの形で継続している。

　こうした空白を許容してくれるよう働きかけるのも運営スタッフ，行政であり，大変な苦労であったが，その苦労が大きく実を結んだのだった（図4-2）。

特定のカリスマリーダーがいない

　雲南市に視察に訪れる人々によく聞かれるのが，「この一連の若者チャレン

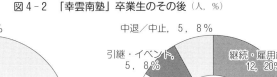

図4-2 「幸雲南塾」卒業生のその後 (人, %)

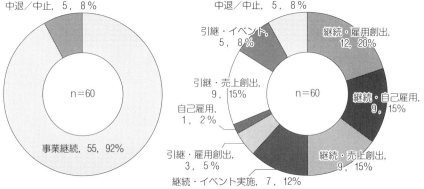

出所：NPO法人おっちラボ（2016）『幸雲南塾データブック』。

ジの取り組みは，誰を中心として回っているのか」という点である。特にいないんですよ，と答えると決まって不思議な顔をされる。中間支援組織「おっちラボ」には多彩な優秀な若者が集まり，訪問看護ステーション・コミケアには全国から地域医療を学びに看護師が集まる。地域の自治組織と市内外の若者が協力して様々な取り組みが生まれ，幸雲南塾卒業生による空き家・空き店舗再生の事例も続々と生まれている。

現状では，最大の立役者は矢田明子氏だろうか。「おっちラボ」の代表理事でもあり，訪問看護の設立に尽力した点も大きい。幸雲南塾の1期生を卒業して以来，各期の卒業生と密接につながり，盛り立ててきたという意味では間違いなく中心人物である。

しかし，その矢田氏も隣の出雲市出身であり，雲南市の活動は徐々に減らしてきている。訪問看護ステーションの代表にはつかず，現在は全国で地域医療に携わる看護師を発掘する「コミュニティナース養成プロジェクト」を推進しており，雲南から全国へ活動の軸を移行させつつあると言えるだろう。

雲南市には，有機農業運動の草分けで日本初の低温殺菌牛乳を商品化させた乳業メーカー「木次乳業」があり，地域産品のヒット商品を生み出す第三セク

ター「吉田ふるさと村」がある。優れたリーダーはすでに存在している。地域課題に正面から向き合う地域自主組織の取り組みも全国から注目を集めており，支え合いのコミュニティづくりに立ち向かう人々もリーダーである。幸雲南塾は，そうしたリーダーたちの現場に，新たな若い担い手を発掘してつなげていくのがあくまで役割である。その過程でたまたま優れたリーダーが生まれ，優れた創業事例が生まれることもあるが，あくまで副次的な効果である。

　目的はあくまで，新たな担い手を発掘すること，と一貫した姿勢を保ち，カリスマリーダーが一発ホームランを当ててくれて万歳，というような発想が全くないことも成功の要因であると考えている。

5　各地への展開

東北へ，都市部へ

　こうした雲南市における動きは他地域に注目されるようになった。新たな担い手の輪を作るという考え方が共感を呼び，我が地でも取り入れたいという依頼が相次いだ。2013年には岡山県津山市にて「津山たかくら塾」，岡山県井笠地域（井原市，笠岡市など含む3市2町）にて「井笠田舎カレッジ」がスタート。2014年には東北，北陸，四国に拡大し，宮城県仙南広域の「伊達ルネッサンス塾」，石川県七尾市の「七尾マイプラン塾」，香川県高松市の「地域づくりチャレンジ塾」がスタートした（図4-3）。2015年には13か所，2016年には16か所（図4-4）となり，その動きが広がっている。

　震災復興の人材育成に応用されたのも大きい。伊達ルネッサンス塾を開講したのは2014年，東日本大震災からは3年経っていた。各地にはすでに全国から復興のために若手が集まり，活躍しているかのように思えたが，そうしたリーダーたちも過労で続々と倒れはじめていた。やはり一部の担い手に仕事が集中する状況は変わらず，新しい担い手発掘を目指す塾は，東北にも根付いていった。

図 4-3　姉妹講座（2014）

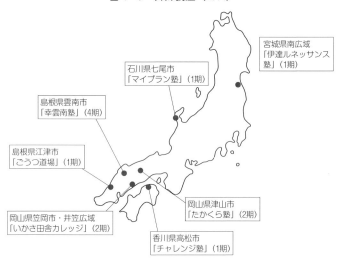

図 4-4　姉妹講座（2016）

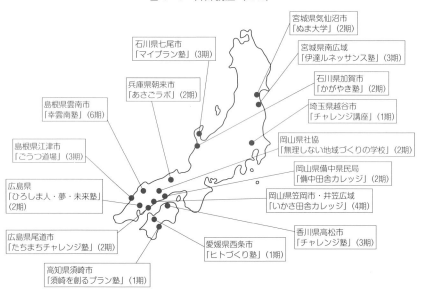

都市部では無理ではないかとも思えたが，香川県高松市など，今なお人口の微増するエリアでも見事に根付いた。2016年から実施している埼玉県越谷市などは，関東のベッドタウンである。しかしこうした地域でも，コミュニティの希薄化や空き店舗の問題，都市部独特の福祉の問題など各種課題が山積しており，担い手が足りないのは同様の悩みであった。都市部は特に，子育て世代の参加が多い。子どもと保育園とわずかな親戚しかつながりがなかったというような人も多く，新たな横のつながりにのめり込んでいく受講生を見ると非常に楽しい。「地域づくりって何ですか？」といった真正面の質問も飛んでくるところから講座が始まることも多いが，やりがいも非常にある。

担い手の悩みは全国共通

島根県の中山間地域で始めた新しい担い手発掘の塾は，都市部・農村部にかかわらずどこでも応用できるしくみになりつつある。農村部は特に，地域づくりは，地域の名士や自営業者，自治会の役員，青年部，女性部，福祉部といった肩書や組織でやっていくもの，という考え方が強かった。その枠に当てはまらないヨソ者や出郷者，子育て世代，一般的ではない働き方をしている人々や無職の人の参画は難しかったように思える。しかし，こうした人たちも，地域のことに携わり，貢献したいと思うのは同じで，そうした欲求に応える場所が創出できたという意義は大きいと思う。

6年間実施してきた幸雲南塾に比べれば，成果が出るのはまだ時間がかかると踏んでいるが，各地で30〜60名の新しい若い担い手の輪が構築されつつある。先行して開催してきた井笠田舎カレッジ，伊達ルネッサンス塾，高松チャレンジ塾はそれぞれ10名程度の新規雇用創出につながってきている。宮城県の伊達ルネッサンス塾では，若者たちの手による新しい中間支援組織が作られ，1市3町にまたがる連携の取りづらいエリアではあるものの，行政の枠組みを超えた広域の新しいつながりが構築されつつある。井笠，高松でも同様の新しい動きを水面下で構築中である。

また，副次的な効果もみられる。地域では，人材育成セミナーといった類の

ものが開催されることも多い。ただ，単発のセミナーを開催し続けることに疑問を持ちつつ運営している担当者に出会うことも多い。よくわからない講師を呼んで，集客が悪ければ身内で動員をかけて会場を埋めるといった繰り返しに飽き飽きしていたのを，こうした塾形式で代替することで，本当に学んでほしい人に集中的に学んでもらえる環境を創出できた。固定メンバーなので集客の手間もないし，一般にも開放すれば本当に関心のある地域住民の学びの機会も作れる。人材育成の予算を有効活用できるようになったとの喜びの声も聞く。

社会も成熟し，車1台，スマホ1台，パソコン1台あれば，誰でも気軽に自分なりの働き方ができる良い時代である。いわゆる肩書のある人々やリーダーと目されている人々が強烈に前へ推し進めていく地域づくりがあってもよいと思う。それと同時に，誰もが地域づくりの担い手となれるよう裾野を広げる取り組みは，全国各地で必要とされているのだ。

注
(1) 「おっちラボ」が手がけるその他の事業や，地域における中間支援組織の必要性に関しては，松永桂子・尾野寛明編『ローカルに生きる・ソーシャルに働く──新しい仕事を創る若者たち』（農山漁村文化協会，2016）に詳しく記載している。
(2) NPO法人おっちラボ（2016）『幸雲南塾データブック』。
(3) 訪問看護事業のなりたちと幸雲南塾のつながりに関しては，松永・尾野，前掲書，に代表の矢田明子氏が自ら執筆しているので参考にされたい。

第**5**章

尾野流「人づくり・地域づくり」の極意

・・・

尾野寛明

　前章で見てきたように，担い手を発掘するための「起業しなくても良い塾」は幸雲南塾をスタートに全国に広がっていった。ここからは，具体的に各地の講座をどのようにして運営しているのかを見ていきたい。募集から講座の進行，塾生に書かせているプランシート，そして半年間のプログラムで何を考えさせてどう行動させるのか。さらに実は場の作り方にも最大限の注意を払っている。各地で運営しながら様々なノウハウを蓄積してきた。

1　企画立案から受講生募集まで──募集までが半分

　各地で約半年間の講座を運営しているのだが，全国で運営するようになっても「受講生がしっかり集まるのか」という重圧とは常に直面する。したがって，最初の作業は，現地の事務局運営スタッフと第1期講座の受講生募集に向けて全力で取り組むことからスタートする。

募集までが半分

　半年間の長期にわたる講座になると，事務局として携わってくれるスタッフの人々は主に「講座の組みかた，そして受講生の成長を促すには」といったことに関心が向いていることがほとんどである。ただ私の中ではそうした実際の講座運営は全体の半分であって，むしろ受講生の募集までが半分を占めていると思っている。もしかすると半分以上かもしれない。

　大学なんかを見てもそうだろう。近年，日本の大学は少子化の影響もあり，

入学者募集に相当の経営資源を割いている。どんな教授がどんな講座を開講して，大学設備はこうなっていて，どんなサークルがあって，就職実績は……など，大学内部に関する情報を積極的に公開して一人でも多くの優秀な受験生を集められるように各大学が努力をするのが当たり前の時代となった。来た人を応援していればいいのではなく，そもそも来てくれる人をどのように確保するか，から人材育成は始まるのである。

受講生イメージの設定

受講対象の設定も重要となる。今回の「無理しない」地域づくりの学校では，当初，岡山県内の社会福祉協議会（以下，社協）職員や福祉関係に勤務している職員，という大まかな設定から始まってしまい，そこが参加者ゼロの初回お試し講座という結果につながってしまったのではないかと思っている。

何度かの修正を経て具体的に浮かび上がったイメージは以下であった。

1. キャリア3年程度の県内若手の社協職員に主に受けてもらいたい
2. ただ，多様性を重視したいので，県内の福祉関係に勤務している職員全般にも広く声をかける
3. すでに何かの取り組みをしている有名人というよりかは，これから何かしたいと思っている人が望ましい
4. 知り合いばかりが集まっても広がりがないので，あまり県社協でも把握していない人をなるべく発掘していきたい

とりあえずお試し講座をやってみる

上記のように対象を設定してみるが，それが必ずしも合っているかどうかわからない。そこで，一度「お試し講座」を開催してみて，感触をつかむという作業をしている。運営側でも参加者募集のイメージのすり合わせができていないことも多いが，お試し講座を重ねながら調整していけば良いかなと思っている。

ここでは具体的に「無理しない」地域づくりの学校の第1期講座開始にあた

って2014年12月に開催したお試し講座の経緯と，その後の修正にどう動いたかを振り返ってみようと思う。

初回お試し講座は，県社協のソーシャルワーカー研修の受講者のフォローアップも兼ねて用意してもらった。講座は，「あなたのマイプランを言葉にしてみよう」といった趣旨であった。実際，すでにまちづくりに関心のある人々の反応は良かったが，社会福祉協議会職員の反応はあまり良くなく，参加者はゼロ。

「用務員」西村氏が狼狽する中，参加者ゼロであったことに関しては，尾野自身はあまり心配していなかった。焦りっぱなしの西村氏，相変わらず質問攻めの竹端氏，そして運営のノウハウを一つずつ説明していく尾野の，参加者ゼロの相談ブースでの長い長い打ち合わせが続いた。「無理しない」地域づくりの学校名物の，三者の全く噛み合わないトークは，実はここで確立したのではないかと個人的には思っている。第3章にて西村氏が記述した「参加者ゼロのお試し講座」の記述と尾野の記述を読み比べてみていただけると，なおイメージが湧くかと思う。

微調整と名キャッチコピーの誕生

そして若干方針を変えるなど手を加え，2015年1月に再びお試し講座を開催した。具体的には，「あなたのマイプラン」というキャッチフレーズが強烈過ぎたことから，この表現を柔らかくすることに注力した。マイプランは結果的にできるものであって，最初からプランを作りましょう！というのは力みすぎだったかもしれない。誰でも来ていいよ，あなたのモヤモヤしていることを，お互いに話してみようよ，といった形に修正した。

この修正の過程で，西村用務員の名キャッチコピー"福祉の人が「福祉だけ」している時代ではない"が生まれた。これを前面に出すことで，参加しやすさが格段に伝わったと思う。募集対象を社協職員にこだわらず，県内の福祉関係に勤務している職員全般にも広く声をかけていった。

2度目のお試し講座は10名の参加者を集め，成功に終わった。

第5章　尾野流「人づくり・地域づくり」の極意 83

2　講座期間や募集人数の設定──なぜ半年なのか？

　講座は約半年，5回の通常講座と，それに加えて最終発表会という全6回の構成になることが多い。基本的に月1回の講座が開催され，それに向けて各自プランの作成を進めていくこととなる。

なぜ半年なのか？

　まずは，1期を約半年という長期間に設定している点について解説したい。これは私（尾野）自身の経験であるが，これまで様々な場所で講演をさせてもらった。参加者の心に響く話をすれば，終了後には多くの方々から名刺交換攻めに合うことも多い。だが今ひとつ喜べないことも多かった。それは，みな口々に「参考になりました」「勉強になりました」といって帰っていくことである。

　参考になるのはうれしい。だが，本音を言えば，この話をもとに，聞いている一人ひとりが1ミリでも成長しようと次に向けて行動してくれる方がよほどうれしい。そして，何年後でも良いから「あのときから自分なりにこれだけ行動しました」と報告しに来てくれるような場が作れないかと思うようになった。

　そこで考えたのが，ある程度固定のメンバーで，定期的に各自が考えたり行動したりした成果を報告し，自慢し合える場所づくりであった。では定期的とはどれくらいの期間か。普段の仕事や生活などがある中で，無理なく通ってこられるのは月1回であろうという話になった。これはちょうど小学校の自由研究を作成する期間でもある。長期休み，宿題を早く片付けねばと思いつつ，習い事や遊びに何週間も没頭し，気づけば残り1週間。いかん，いかんとお尻に火がついて前日に何とか書き上がる。結局放っておいた数週間は何だったのか，ということになるのだが，それくらいの「冷却期間」がむしろ重要なのだと思い，月1回集まるという形になった。

　そして，なぜ5〜6回セットの半年間なのかという点である。せっかく固定

図 5-1　冷却期間と成長する期間のイメージ

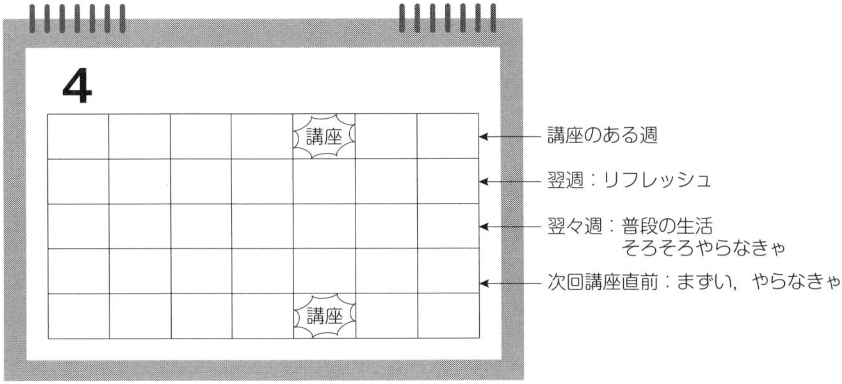

4

講座　→　講座のある週
→　翌週：リフレッシュ
→　翌々週：普段の生活　そろそろやらなきゃ
→　次回講座直前：まずい，やらなきゃ

講座

出所：筆者作成。

メンバーが集まるのだから，一生モノのつながりを作って今後の財産にしてもらいたい。それには 2 ～ 3 回ではやや物足りない。全員がお互いの人間性や取り組みについて知り尽くしている状態になる最低限の期間が，5 ～ 6 回と考えた。逆に 7 ～ 8 回の構成で開催したり，通年で開催したりと試したが，そうすると添削が詳細になりすぎて逆効果であった。議論が煮詰まりすぎ，集まり続けることの負担も大きく，疲労感がむしろ大きくなってしまった。

半年間で発表し，ひとまず完結。その後は行動するもしないも自由。いったん冷却期間をおいて，半年後には次期の講座が始まるから，その場にまた顔を出してもらって自身の行動成果や成長を自慢しに来てもらえば良いと考えた結果，半年間の講座設定となった。熱烈に自身の言語化と行動を後押しするが，そこに全く合理的でない冷却期間や余白といった考えを重要視した結果，このような構成となったといえる（図 5-1）。

人数はなるべく絞りたい

上記の経緯もあり，ある程度固定のメンバーで半年間みっちり付き合っていくことを重視しているため，募集人数も少なめである。目安としては，8 ～ 12 名といったところだろうか。後述の「曜日の設定，時間の設定」で詳細に見て

第 5 章　尾野流「人づくり・地域づくり」の極意

もらうが，発表5分＋添削5分の時間を設けても，12名分これを繰り返せばそれだけで2時間になってしまう。

　対象地域が広域になると受講生はどうしても増えてしまう傾向にあり，たとえば広島県全域で行っている「ひと・夢・未来塾」では毎年の受講生が25名となってしまう。県東部と西部の2クラスに分けて対応しているが，一人ひとりのプランに耳を傾けるには相当な体力を要することになる。

　逆に，最低限講座として成立するのは，4名といったところであろうか。寂しいような気もするが，議論が白熱すれば一組の発表と添削で30分を軽く超えてしまうこともあり，たった4名でも手一杯になってしまう。6期目となった雲南市の「幸雲南塾」では，7組の応募があったのに対して成果指標の明確な設定ができる3組のみを選別し，チーム別に支援スタッフや，インターンの学生などを配置した徹底した支援体制を作った。

一般聴講でも対応

　しかし人数を絞って募集するのは勇気がいる。公的な予算を使っている場合，何名を対象に行った講座かということも重要な成果項目となるため，対象人数をもっと多くできないのかと突っ込まれてしまうことも多い。

　これを回避する一つの方法として，各回1度限りで参加できる「一般聴講」を募集することがある。マイプランの発表および添削がない分，広く参加してもらえるため，講座開催の成果指標としても説明がしやすくなる。支援機関や地域自治関係者がふらりと立ち寄ってくれてプランに的確なアドバイスをしてもらえることも多い。

　また，受講を考えていたが全部の講座に出席することは難しいために断念してしまった人をつなぎとめておく受け皿にもなる。初回は一般聴講であったが気が変わって自分もプランを発表してみたくなり，2回目からは受講生で参加していた，というケースもある（図5-2）。

図 5-2　受講生と一般聴講生の配置イメージ

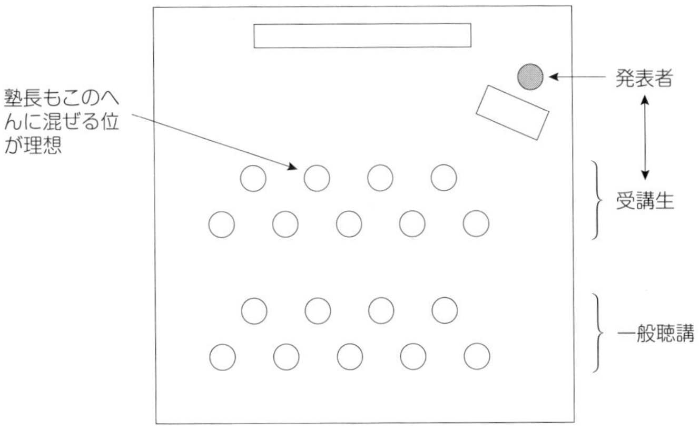

塾長もこのへんに混ぜる位が理想

発表者

受講生

一般聴講

出所：筆者作成。

数合わせをしない

　ただ，特に初年度は受講生集めに難航することも多い。適当に運営事務局のつながりで（特に行政を頼って）数合わせをするケースが見られるが，それでは意味がない。地域で何かをしたいと思っていて，そのやり方が全くわからず困っているような人（かつ，欲を言えば元気が有り余っているような人）を懸命に発掘していくべきだ。

曜日の設定，時間の設定

　受講生集めのためには，開催曜日や時間帯の設定も重要な判断項目となる。「無理しない」地域づくりの学校では，平日は福祉職員として働く人の新たな学びの機会を想定して，土曜日午後開催となった。土曜日の半日間みっちりと学んで，夕方は交流会でしっかり盛り上がるというのが，各地の講座でも最も多いパターンである。

　ただ最近は，土曜日は他のイベントと重複するため，できれば避けたいという声も多い。そうした場合は，金曜夜の開催という手もある。18時から21時頃

第5章　尾野流「人づくり・地域づくり」の極意　87

まで学び，その後は日付が変わるまで交流会でクタクタになるまでしゃべり尽くす。反面，土日でしっかりプライベートの時間を過ごすことが可能となる。子育て世代の地域への参画を意識した講座ならば平日午前や午後の開催となる。

3　マイプラン作成と講座の進行——いよいよスタート

　ここからは，実際の講座の進行を想定しながら，受講生がどのようにマイプランを作成していくのかを見ていこうと思う。前半戦では様々なシートを活用しながら言語化を深め，後半になるにつれて独自の資料を作り込んでいく作業となる。

　講座の進行

　まずは，各回の講座の進行についてである。基本的には前半にゲスト講師の事例発表を聞き，「いい話を聞いた」と盛り上がった勢いで後半に各自のプラン発表，という流れになる。実際の進行表を表5-1として掲載したので参考にしてもらいたい。

　全体的な流れは，最初の導入で10〜15分くらい。会場提供でお世話になった方の紹介も行う。OBや姉妹塾関係者が駆けつけてくれている場合はその紹介なども行い，どんな参加者でその場が構成されているかを確認する。

　基本的に時間が押すので，出席状況は気にせず，時間通り始めてしまうことが多い。塾長・教頭といえど自由にしゃべれる時間は案外なく，冒頭ぐらいしか余裕が残されていない。何なら，それだけで講演会になるくらいのその日一番面白い話をしてやろうか位の勢いでしゃべり始める。それが独特な温かい雰囲気づくりにつながっているのかもしれないし，せっかくなら最初から聞いておきたいと受講生に思わせれば，遅刻防止にもつながる。

　その後，ゲスト講師の発表が45〜60分くらい。そして，残りの時間でプラン発表および添削となる。

　「無理しない」地域づくりの学校では，竹端，尾野，そしてゲストの3名が

88　第Ⅰ部　「無理しない」地域づくりの学校という挑戦

表 5-1 「無理しない」地域づくりの学校進行例

開始時間 終了時間	内　容	担　当	備考・準備
12：00 12：30	●準備 　プロジェクター，マイク（2～3本），スクリーンの設置 　受付準備 　会場設営 ＊駅からの送迎　県社協公用車1台・2期生私用車2台	事務局 1期，2期生	プロジェクター マイク2～3本 スクリーン おつり 領収書
12：30 13：00	●受付 　資料，付箋，ペンを手渡す ＊この間に，校長と教頭はゲストスピーカーと打合せ	貝原	参加者名簿 資料 付箋 ペン
13：00 14：00	●ランチ交流		
14：00 14：10	●朝礼 　学校の概要説明，今日の流れ	森 西村（補足）	
14：10 14：25	●校長，教頭によるウェルカムトーク	校長，教頭	
14：25 15：20	●ゲストトーク＆質疑応答・校長，教頭とのやりとり 　冒頭に簡単に紹介してから振る 　会場参加者からも質問やどう感じたかを募る	教頭	
15：20 15：35	●休憩，準備と移動 　机を2チームに分ける	全員	
15：35 16：20	●プラン発表　（前半） （発表：4分，コメント：4分，コメントシート記入＋転換で3分　計11分×4人） 　コメントの時間では適度に塾生・聴講生・OBにも振る 　2グループに分かれてそれぞれで発表，添削を行う	校長，教頭 タイムキーパー 　2期生	呼び鈴
16：20 16：30	●休憩		
16：30 17：15	●プラン発表　（後半） （発表：4分，コメント：4分，コメントシート記入＋転換で3分　計11分×4人） 　コメントの時間では適度に塾生・聴講生・OBにも振る	校長，教頭 タイムキーパー 　2期生	呼び鈴

17：15 17：50	●プラン全体発表 or グループ交流タイム （発表：4分，コメント：4分，コメントシート記入 ＋転換で3分　計11分×3人） ＊グループ交流の場合 塾生，聴講生がフリーで意見交換	難波 西村	
17：50 18：00	●終礼，事務連絡 　ゲストに今日の感想を振る，今日のまとめ 　次回までの宿題，懇親会について	難波 西村	
18：00 18：30	●片づけ，移動	全員	
18：30 20：00	●そのまま懇親会 　1500～2000円程度	森，難波	

注：2017年第2回講座（2017年8月5日）の例。
出所：筆者作成。

中心となって発表に対してコメントしていった。受講生全員に発表させるが，2グループに分けることもあるし，分けずに全員の発表をしてもらう場合もある。一人あたり持ち時間は発表5～7分，そして添削5～7分，合計で10～15分が持ち時間となる。2グループに分ければ持ち時間は倍近くに増やせることになるので，講座の回数が進んでくるとグループを分けてしっかり添削できる時間を作ることが多い。

　大人数の発表をさばいていく場になるので，円滑に進行するためにはタイムキーパーが重要な存在である。議論が白熱していると時間を伸ばしたくもなってしまうのだが，心を鬼にして時間通り進行していく役目も必要となる。

　表5-1に，「無理しない」地域づくりの学校の進行例を示す。

ゲスト講師の招聘

　各回の講座には，必要に応じてゲスト講師を招聘する。全国的に有名な事例の関係者を招くというよりも，周辺地域で小さく活躍しているような人を招くことが多い。条件としては「自分でなりわいを作っている人」。稼げているかどうかにかかわらず，自分で何かを作り出したり，場を持ったりしている人である。

図5-3　全体な構座の流れ

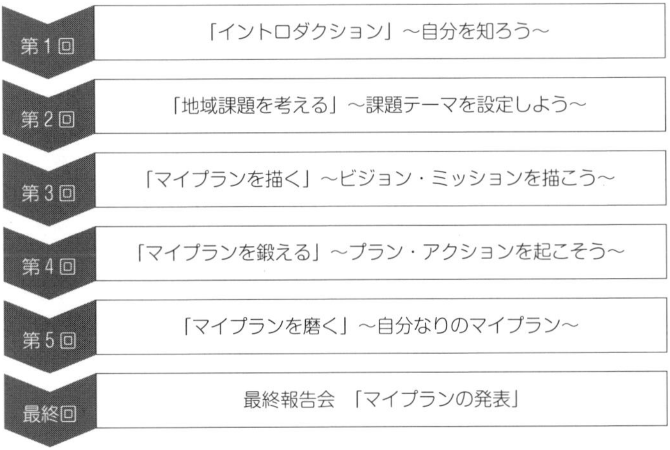

第1回	「イントロダクション」〜自分を知ろう〜
第2回	「地域課題を考える」〜課題テーマを設定しよう〜
第3回	「マイプランを描く」〜ビジョン・ミッションを描こう〜
第4回	「マイプランを鍛える」〜プラン・アクションを起こそう〜
第5回	「マイプランを磨く」〜自分なりのマイプラン〜
最終回	最終報告会　「マイプランの発表」

マイプランシートの配布と提出

　講座前半は，事務局が用意する「マイプランシート」を配布し，それに埋めていく形で自身の発表資料を作成していくのが通常の進め方となる。各地の講座を進めていく中で毎年のように改良を重ねており，これまで作ったシートは50種類を超える。その中で常用しているのが15種類くらいであろうか。ただ，1か所の講座でその15種類のシートを全て配布するのではなく，講座の難易度や進行度合い，受講生の理解度に合わせて選別することになる。(1)

　基本的には事前配布し，次回講座の3〜5日前を締め切りとして設定した上で，メール添付などの方法で提出してもらう形となる。メールができないといった場合はスマートフォンで撮影して画像で提出ということもある。受講生はあらかじめシートを埋めて，講座当日にその内容を発表するということになる。

まずは「あなた自身」の言語化から

　全体的な講座の流れは**図5-3**のような形である。また，年間カリキュラムの例をあげておく。まずは初回から第2回講座あたり，前半戦の基本的な運営

第**5**章　尾野流「人づくり・地域づくり」の極意　91

事例を解説したい。前半戦は一堂に会する受講生の自己紹介をしながらお互いの取り組みや考えを理解していく流れである。

　そのためプランシートは，「あなた自身」を深く掘り下げることから始まる。参考資料として，よく使う3種類のシートを**資料5-1～3**に紹介する。これらのシートを通じて，生い立ちや人生の原体験となる出来事，興味のあること，身の回りで放っておけないことなどを詳細に書き込んでもらう。取り組んでみたいことがすでに決まっている人は，その企画に仮タイトルを付けて，何をするのか簡潔に書いてもらう。ただし，必ずしもこれらすべてを埋める必要はなく，書けるところから埋めてくださいと促すことも大切である。

　その上で，シートをもとに，一人ずつ発表をしてもらう。いきなり人前で話をさせられることに驚く人もいるが，「長い自己紹介をしてもらえば大丈夫です」と安心させ，なるべく緊張感のない雰囲気でお互いのプランおよび自己紹介を話してもらう。生い立ちも原体験も様々，興味のある分野も，福祉，ものづくり，農業，伝統芸能など多岐にわたることになる。「無理しない」地域づくりの学校においても福祉の分野に特化したが，それでも担い手不足がテーマである人もいれば，地域社協としての企画立案がテーマの人もいる。

　こうした中で，様々な生き方に共感し，お互いの話に聞き入ってもらう空間となっていく。地域には多様な課題があり，それに対して様々な視点で「自分自身はこういう点が放っておけない」「自分だったらこんな取り組みをしてみたい」と主体的に議論が交わされるところまでいけば，成功である。そして，受講生同士，案外発表できるもんだね，という感想を持ってもらえれば最初の導入は完了である。多様な立場の人々が来ているにもかかわらず，地域で何かしてみたいと思っている同じ目線で語り合っているうちに，横のつながりが作られていくように仕向けていくのもポイントとなる。

「あなたの魅力」も前面に

　プランの作成と同時に発表もするのは，他にも狙いがある。人によってはプラン自体がよく書けているのに発表が棒読みで全く面白くない，といったこと

資料 5-1　あなた自身を知るシート1 自己紹介シート

▷自分自身を客観的に，簡潔に伝えるための重要なシートとなる

資料 5-2　あなた自身を知るシート2 興味シート

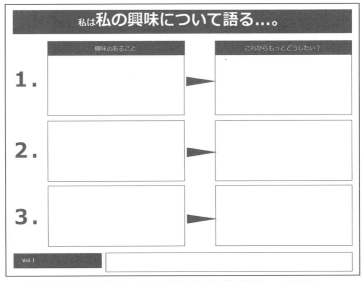

▷その人の専門性や解決したい地域課題をあぶり出すシートとなる

第5章　尾野流「人づくり・地域づくり」の極意

資料 5-3　あなた自身を知るシート 3 暫定プランシート

私のプランは！ (暫定)

私のプランは

です！

イメージ写真
を貼り付けてね。

なに？
何をするのかを書いてみましょう

なぜ？
何故やりたいのかを教えて下さい！

Vol.1

▷まずは仮タイトルをつけさせてあなたのモヤモヤを「企画書スタイル」に
　仕立ててみるシート

がよくある。内容がどこか別の団体の丸写しであったり，団体内もしくは関係
する誰か別の人物が書いていたりすると，こうしたことが起きやすい。

　結局，自分の言葉で書く努力をしていないから話しても全く面白くないのだ。
プランづくりは講座の目的の一つではあるが，プランさえ書けば良いというわ
けではない。自分の言葉で書くから，そこに魅力が生まれてくるのである。勇
気を持って自分自身の言葉で書いてみようと諭していく作業が必要となる。

　また，プランシートには書ききれなかった話の中に，発表者の魅力が満載で
あった，なんてことがよくある。発表や添削で話をしながら「実はこんなこと
を考えていて……」などと言葉豊かに話し始める。その話こそ，プランに入れ
てほしい，そう思いながら耳を傾けることになる。それでも少し遠慮気味に，
「その補足の話，こうすればプランになるよね」と投げかけ，プランシートに
少しでも多く自分なりの考えを書き込んでいけるように誘導する。言葉になら

94　第Ⅰ部　「無理しない」地域づくりの学校という挑戦

写真5-1　大量にたまるコメントシート

ない「あなた自身の魅力」までも言語化していくのである。

コメントシート

　受講生の発表の後には，その都度，会場にいる全員に感想などを書いてもらい，本人に渡してもらっている。これを「コメントシート」と呼んいる。シートはA6サイズ程度の紙を用意する場合もあるが，大きめの付箋紙を使えば，かさばらないし準備も簡単である。

　シートには感想やアドバイスを書いてもらえればよいのだが，放っておくと主体性のないコメントが多くなりがちである。そこで2つの工夫をした。一つは「前向きな感想だけ書いてください」と周知する。後ろ向きのコメントは当然不要だが，前向きでも後ろ向きでもない「参考になりました」などの中身のない記述が実は発表者をかなり傷つけているのではないかと思うのだ。

　もう一つ，「紹介できる人や参考になる事例を書いてください」ともお願いする。せっかく多くの地域関係者が集まっている場であるから，その集合知を活用するための工夫である。

　基本的には事務局で回収するが，直接手渡ししてもらう方式にすれば発表者

にとってはうれしい。最後にはとてつもない量のコメントがたまっていき（**写真5-1**），後から見返すと，非常に勇気が出る財産となる。

4　講座の中盤〜後半──ここが肝心

シートが増え，肉付けされていく

　講座も3〜4回目の中盤に差し掛かると，受講生が考えていることをより深く言語化していく作業になる。配布するシートの数も増えていき，地域づくりの一歩を踏み出すための具体的なプランらしくなっていく。

　よく使うシートとしては，ビジョン（あなたの作りたい世の中像）を言葉にしてみましょう，あなたのプランにおける登場人物を整理し，関係性を図にまとめてみましょう，これから先の行動スケジュールを整理しましょうといったものを配布する（**資料5-4〜6**）。これらを埋めて発表と添削を行い，それを持ち帰って次回に向けて修正したり肉付けしたりする作業を繰り返していく。

　このときに心がけているのが，半年間の講座で，着実に1ミリ前進したという記録が，着実に資料として積み上がっていくようにすることである。その人自身やその人のプランを具体的に言語化した資料が毎月のように増えていく。そして，実際にその内容を発表させ，発言することで頭の整理を行う。そして次回に向けた課題が出て，さらに資料が増え，既存の資料も肉付けされていく。こうした繰り返しとなる。

　本当に起業を考えるようなプランも出てくるので，それに対応して具体的な収支計算や資金繰りの計算をしてもらう場合もある。

テーマの設定

　自身についての言語化が深まってきて，ようやく「何をテーマにプランを書けばよいのか」という具体的な話になってくる。

　基本的には，「自分自身が主語になった話」「自身の成長や挑戦がある話」な

資料5-4　中盤でよく使うプランシート1

資料5-5　中盤でよく使うプランシート2

第5章　尾野流「人づくり・地域づくり」の極意

資料 5 - 6　中盤でよく使うプランシート 3

ビジョンとミッションの整理

①ビジョン（あなたが思う、実現したい地域の未来像）

あなたが実現したい「地域の未来像」は何でしょうか？どんな状態かを書いてください。

②ミッション（ビジョン達成に向けてあなたが行うこと）

ビジョンを実現するために、あなたが担う役割や達成したいことは何でしょうか？

ミッションを達成するために、具体的に行うプランは？

③My Plan（あなたのプランを一言で！）

プランの概要を教えてください。

らば何でもよいという姿勢である。身の回りで，自分自身が放っておけないことを何とかできないかと思っていれば，それがテーマでよい。すでに地域で何かの取り組みに携わっている人であれば，すでにやっているその取り組みに携わっている「あなた自身」をテーマにしてもらって構わない。家業がある人は，家業を継承すべく奮闘している「あなた自身」でよい。独立したり，起業したりするつもりならば，当然それも歓迎である。[2]

　もちろん地域に関係あるテーマが望ましいが，地域に関係のないテーマでもかまわないと思っている。会社勤めの人であれば，自分自身が業務として取り組んでいることでもよいし，学生なら，就職活動に奮闘している自分自身がテーマで構わない。

　逆に，「自分がそこにない話」はお断りである。元気な若者たちの取り組みを知りたい，情報を得たいから参加した。政治について，こうすべき，ああすべき。地域のとある課題に関して，行政にはこうやって動いてほしい，提案をしたいというような話に対しては，あなた自身はどう生きてきて，どうなりた

98　第Ⅰ部　「無理しない」地域づくりの学校という挑戦

いと思っていますかと振っていき，打開策を探る。あまりにも自身の話をしたがらない，という場合は途中でサヨナラする場合もある。

ただし唯一の例外として，「自分が選挙に出る」というのであれば可としている。当初これも不可としていたのだが，あなたが勝負する政策，あなたの立ち位置，あなたの票読み，などと話していると，受講生同士の活発な議論になることがわかってきた。「主婦の視点ではそれでは一票入れられない」などのコメントが飛ぶのも面白く，市民の政治参加を促進する一つの形としてありなのかなと思っている。

「実践したような形」を作ってもらう

前半戦は全員同じ課題シートを配布するが，中盤になると人によって別々の課題を出すこともある。進み具合にもよるが，実際に小さな交流会やお試しの出店イベントなどを開催してみたらどうか，といった「実践の後押し」をしてみるのだ。

中盤にもなると各自のプランの完成度が次第に高くなり，雰囲気も非常に良くなる。お互いに助け合おうといった横のつながりも緊密になってくる。この勢いを利用して，客は全員サクラでいいので，「実践したような形」を作ってもらうのである。そして，その様子を写真として記録に残し，発表資料に活用してもらうのだ。

空き店舗再生ワークショップを実践してみた受講生がいた。一般参加者はたったの5名であったが，同じ受講生や事務局関係者などサクラの参加者10名を加えれば15名の大盛況となった。新規で参加してくれた5名は，その地区の空き店舗再生に様々な形で携わってくれる強力な味方になってくれた。別の事例では，外国人出稼ぎ家族の支援を見据えた異文化交流イベントを企画した受講生がいた。これに至っては，身内が20名で一般参加者は一家族のみ。でも，その一家族は，子どもの日本語が不自由で登校に支障をきたしていることがわかり，新たな支援につなげることができた。このように，身内で大丈夫だからと気軽に企画させてみると，意外な大成功を収めることがあるのだ。

第5章　尾野流「人づくり・地域づくり」の極意　99

資料5-7　プランシートをバラす前

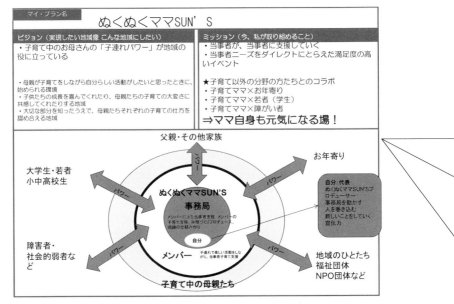

▷作り込まれて文字が細かい

　そして，実践したことを写真に記録し，自分なりの報告書として仕立ててみる。写真で見ても，一般人にはサクラだとは絶対にわからない。こうして，「できたらいいな」ではなく，「やってみたよ」という，人々から共感を得られる発表資料ができあがっていく。

　本書第6章の難波さんの事例は上記の空き店舗再生ワークショップの事例に近いだろう。森君の事例は，福祉関係者でとりあえず交流会をしてみよう，というのが実践となった。その人に合わせ，無理なく，1か月程度で乗り越えられそうな課題設定を行っていくのが重要となる。

あえてプランシートをバラしていく

　そして講座も4〜5回目の終盤に差し掛かる。すでにプランも肉付けされて，独自に枚数が増えている場合もある。様々な実践を通じて個々人で違うシート

資料5-8　プランシートをバラした後

▷同じ内容が3枚に分割されて見やすい

を使用しており，それぞれに独自色を帯びた発表資料になっている。

　最後に行う作業は，マイプランシートという枠組みそのものをバラしていく作業である。5回の講座も終われば最終発表会となるのだが，記入したままのシートを投影して発表されても見る側は退屈である。また，回数を重ねて懸命に記入したシートは，文字数が増えて字も細かくなっている。作り込んだものをあえてバラして，どこでも使える発表資料に仕立てていく。

　香川県高松市の子育て支援団体「ぬくぬくママSUN'S」の事例でみてみよう（**資料5‐7，8**）。第三者にも客観的に活動概要を話せるようにと，中盤までは組織を点検して詳細に書かせていく作業を行っていた。それを，最終発表会に向けてバラしたのが，後者の3枚である。

　広く市民に活動を紹介するとしたら，この前者の資料を見せられたときにどうだろうか。話を聞いてみたいという興味は少なくとも削がれてしまうだろう。後者のようにバラすと，わかりやすさも違ってくる。

5　最終発表会

詰めの添削

　全5回の講座は終了し，残すは最終発表会のみとなる。終わってほしくないと思うこともあるが，終わりがあるからこそ直前で猛烈に伸びる人もいる。様々な受講生を相手にしてきたが，人間，どこで変わるかというのは本当にわからないものである。

　お試しイベントなどを実践する人は，最終発表会に間に合うようにギリギリで完成させてくる人もいる。ひとまず期限を設定し，限られた時間の中で最大限の努力を促す。直前で何とか一つの形にして報告しようというエネルギーが，全体に伝播してやりがいを感じる時期である。

　任意でプレゼン添削を行うことも多く，時間帯が合えば私自身もオンラインで聞き入ることもある。2期目，3期目となると，こうした添削会をOBが自

主運営してくれて手厚い支援体制が構築できるようになる。

共感の輪で満たされる

そしていよいよ本番である。受講生には各自お世話になった人や身近な理解者などを呼ぶように促し，講座運営でお世話になった関係者なども一堂に会する。会場は50名から多いときで100名を超える来客になることもある。

それぞれに与えられた時間は，プレゼン約7分と，ゲストによる講評および質疑応答が7〜10分。ゲストとして呼んでいる人は，これまでの成長過程を知らない人がほとんどである。そのため予想しないコメントが飛んでくることも多く，緊張感も高まる。しかし，それすらも跳ねのけて人前で発表もしたことのない人がエネルギーに満ち溢れた発表をしていく。そして会場も共感の輪で満たされていく。

尾野自身はというと，冒頭の挨拶だけ行って，あとは裏で動き回っていることが多い。内輪ネタのコメントをしてしまうと初めて見た人は冷めてしまうので，ゲストにお任せである。

好きなポジションは司会者の横に立って質疑応答を進行する役。発表者が緊張してまったくしゃべりきれなかったり，ゲストに発表の意図が伝わっていなかったりしたときに，場のコントロールができるので便利である。良い雰囲気で進行しているときには黙っている。

新しい担い手の意義を再確認

そして一連の発表が終われば，全プログラム終了である。会場にいる人々，そして関係者には，その場で発表をしてくれた「新しい小さな担い手たち」の存在意義について，改めてその意味を解説する。人前で発表もしたことのない人が，一連の作業を経て，小さな動きを始めていく。または，すでに地域で何かの取り組みをしている人が，改めて自らを振り返り，新しい横のつながりを得て，これまでにない器用な動きを始める人になっていく。

これが新しい形の地域の支え合いであり，誰かに負担を押し付けない無理し

ない地域づくりの一つの形であると繰り返しメッセージとして伝えていく。そして，会場全体で，そうした新たな担い手が一人また一人と増えたことを喜び，そして支えてほしいとお願いする。

最後に記念撮影，修了証の授与，最優秀賞などを用意している場合は，各賞の授与などを行う。そして何より，発表者同士でお互いの成果を称え合い，さらに，発表者は聴衆に囲まれて名刺交換攻めである。思わぬ協力者がその場で現れることもある。

終了後は，さらに動きを続けていってもよし，やめてもよし，支援側になってくれてもよし。様々な立場で緩いつながりを保ち続けてもらうように仕向けていく。3年くらい運営した時点で，卒業生主体で運営できるようになればよいと思っている。

次年度も受講したいという声もよくあるが，基本的には留年禁止である。塾のプログラムとしては，あえて一定の区切りをつけ，さらに学びたければ，もっと専門性のある，別の講座に行くように促す。ビジネス分野で言えばマーケティング，会計，ファシリテーションなど，専門性に特化した様々な講座を自分なりに選んでほしいと思っている。

6　場の設定方法・雰囲気の作り方——なぜコンクリート禁止？

本書を企画した際に西村用務員が，「最初見たときの温かさが衝撃的であった」と回顧していたが，これは各地の関係者にも指摘されることでもある。尾野の手がける地域づくり塾は，なぜそんなに温かい雰囲気なのかと。大学のゼミのような感じだね，とも言われる。

ここからは，どのように場作りをして，温かい雰囲気を作り出しているかについて解説していきたい。

コンクリート禁止

セミナー会場というと，最初に考えつくのが，市役所や市民活動センターな

ど，しっかりした建物の中にある会議室である。駐車場も完備しており，中心地にあることからアクセスもよい。机も椅子もホワイトボードもプロジェクタも完備されており，無難に講座を進行できるのは間違いない。しかし，せっかく多様な将来の担い手たちが集まるその場自体をもっと可能性のある場に仕立てたいと思い，一つのルールを設けた。それが，「コンクリート禁止」である。

地域には，小さなセミナーが開催できるような場所というのが実はたくさんある。お寺や神社などは，昔から地域の人々が集まる場所であったし，会社の会議室を借りることもできる。近年は古民家を再生したカフェやゲストハウスも数多く開業しており，一言頼み込むだけで気軽に貸してくれる。そうした場所は，人が来てくれること自体で喜ばれることも多い（**写真5-2**）。

ただ，木造建築を必ず探しなさいということではない。公民館やコミュニティセンター，地域で優れた取り組みを行う会社などを会場として使わせてもらう場合は，コンクリートであっても大歓迎である（**写真5-3**）。真冬や真夏に空調もないような空間で開催するのはさすがに効率が下がるため，季節によっては気密性の高いコンクリートが助かる場合もある。要は，何も考えずに中心部に来てもらうという発想から脱却し，周辺地域の様々な場所に赴く努力をしましょうというメッセージである。

人が動く，理解が広がる

受講生や関係者一行が積極的に地域に赴くことは，様々な相乗効果をもたらすことになる。毎回のように会場を変えると，その地域周辺の関係者がふらりと立ち寄ってくれる場にもなる。意識的に場を変えることで，新たなつながりを構築する機会を積極的に作るようにしている。

受け入れに慣れていない団体が，お試しで人を出迎える経験をする機会にもなる。これは本書第**6**章の難波さんの事例であるが，岡山市北区の足守地区で再生の準備を進めていた古民家を，「無理しない」地域づくりの学校の講座会場として使用させてもらう機会があった。難波さんにとっては，「その日までに最低限受け入れができる状態にしておく」という一つの目標設定にもなる

第**5**章　尾野流「人づくり・地域づくり」の極意

写真5-2　ぬかつくるとこ（早島町）での開催場所

写真5-3　岡山市内の廃校再生プロジェクトでの開催の様子

し，身内だからある程度のミスがあっても許容される安心感がある。そして，地域外の多様な若者が集まる姿を足守地区周辺の関係者に見てもらうことで，地域住民の理解にもつながったのではないかと思っている。

　また，運営側がこのように会場を探し回る姿勢は，マイプラン作成に悩む受講生にとっては嬉しいものである。事務局だからと無関心な態度ではなく，私達も運営側として工夫を重ねていますよと胸を張れる，そして受講生を全力でサポートできる存在でありたい。

交流会も気軽に参加できる雰囲気を

　会場に関していえば，もう一点配慮すべき要素がある。できれば，講座終了後に移動することなくその場で交流会までできる場所で開催することが望ましい。準備はそんなに難しくない。ジュースやスナック菓子を持ち込めば，一人参加費500円くらいで可能である。一人一品持ち寄りなどと周知すれば，安価でかつ本格的なパーティーまでできる。

　居酒屋で一人3000円，4000円と払えば交流会など簡単に開催できてしまうが，人によって経済状況が大きく違うことを意識する必要がある。本格的に飲みたい人は，スナック菓子片手に一通り話した後にお店に移動すれば十分なはずである。担い手の輪を作り，みんなで支え合っていける雰囲気を作るためにも，なるべく参加しやすい形にしたい。

7　受講生と接する方法——謎の温かい雰囲気の真髄

　反面，この講座は大丈夫なの？と不安になる人も多いようである。古本屋の尾野さんという人が毎月来て，ただ人の話聞いているだけだし，これに何の意味があるのかと思ってしまうようだ。特に企業でバリバリと仕事をしてきたタイプの人には，そうした反応が多いかもしれない。厳しい言葉をぶつけ合うことが当たり前の世界に浸かってきた人には，謎の温かい雰囲気に違和感を覚えてしまう。

第5章　尾野流「人づくり・地域づくり」の極意　107

ここでは，そのフワフワとした雰囲気を作ることの意味について解説してきたい。

基本的には否定しない

基本的な姿勢として，せっかくこうした場所に学びに来ている受講生なのだから，それに対して否定的な言葉を投げかけないことにしている。これが各方面から驚かれる「温かい雰囲気」につながっているのかと思う。

何かを変革したいと思っている人は，多くの場合否定的な意見に直面していることが多い。もしくは，硬直化した組織に直面して，限界を感じていることも多い。すでに課題に直面しすぎて疲れているのだから，これ以上疲れさせず，むしろ，ほめまくって良い気分になってもらうのが大事なのかなと思っている。

話していることが支離滅裂，地域の関係者を巻き込めていない，資金面で非現実的などなど，プランの欠点は見ればすぐにわかる。しかし，そこに来てもらっている人々は，「新しい担い手」となる将来の地域の財産なのである。下手な欠点を指摘している暇があったら，その人の考えや活動の社会的意義をひたすら認めてほめていく作業をするべきではないかと思っている。

プランが停滞気味のときも，「進んでいないじゃないか」ではなく，そこに何か進んでいない事情があるんじゃないかと深く考えてみる。そして，視点を変えて問いかけをしてみる，といった要領である。

1 うなずき100円

否定しないのが大事，というのはわかるんだけど，なかなか難しいよねという人もいるだろう。私自身だって否定なしの対話だけで全生活を送れるかと言われれば厳しいものがある。ではなぜできるのかというと，「1回うなずくにつき100円いただくという仕事」と思っているからである。10万円もらっている講座だとすれば，その時間中に1000回のうなずきを入れることを自身のルールにしている。

相手の発表に対して，とにかく「うんうん，それでそれで？」とうなずきを

入れていく。そうすることで発表者に安心感を与え，プランに書き出せていない様々なアイデアや思いを引き出していくのだ。講師が一番聞く姿勢を徹底していれば，その姿勢は他の受講生にも伝播していく。みんなで良い発表ができるように助け合う雰囲気ができ，会場全体が暖かな雰囲気となっていくのである。

　一方，「なぜそう考えたの？」と問うていく「なぜなぜ攻撃」で有名な竹端教授は，「１なぜ500円」とでもしておこうか。価格設定に特に根拠はないのだが，人の話を咀嚼して問いかけを返すのは少し込み入った作業になるので，高めに設定してみた。

　様々な角度からひたすら問いかけし，共感し，その人の本質に迫る作業の繰り返し。岡山の「無理しない」地域づくりの学校では，「うなずき」と「なぜなぜ」，この２つのモードがうまく混ざったことが良い方向に作用した，と捉えることもできるだろう。

人によって違うアプローチ

　人によって立場も違えば取り組みのレベルも大きく違うため，それぞれに対応することになる。これもまた温かさの一つであろうか。基本的には２つの軸に分けて考えるようにしている。それが**図５-４**である。簡潔に言うと，「業務として取り組むのか，空き時間で取り組むのか」「プランが未定なのか，すでに取り組みたいことが決まっているのか」ということになる。

　本書における事例として，森君と難波さんを当てはめてみよう。森君の場合は，地域包括支援センターの業務に関連する取り組みをそのままプランとして考えることになった。プラン内容も，すでに取り組んでいる社会福祉士のネットワーク化ということで，すでに決まっていた。そこで，「業務——取り組みあり」に分類される。このタイプに意識するのは「何よりも敬意を持って接する」である。すでに業務として維持されている，自営業者であれば，なりわいとして運営している，その時点ではるかに偉大である。穴は指摘すればいくらでもあるだろうが，そこから入らず，まずは敬意を持って聞き入るようにする。

第５章　尾野流「人づくり・地域づくり」の極意　109

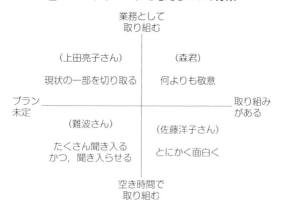

図5-4 アプローチで考える4つの分類

　難波さんの場合はどうだろうか。施設の相談員という業務とは離れた場で，地域と福祉関係の若者をつなげる取り組みを何かしたい，というざっくりした話が当初の段階であった。そこで，「空き時間──プラン未定」に分類される。このタイプの場合，「たくさん聞き入り，同様にたくさん聞き入らせる」を意識する。自分自身を見つめ直し，かつ，ゲストや受講生の様々なプランから，自身に結びつくようなアイデアを学び取ってもらうように仕向ける。あれやこれやと周囲からアイデアを提供したくなってしまうが，なるべく自分自身で考え抜いてもらうようにしたい。

　他の受講生の事例をもとに，残りの2分類についても解説してみたい。2期生で新見市社協職員の上田亮子さんは，社協の若手女子職員たちが普段の業務に忙殺される中でも何か集まって考える機会がないかと思案していた。講座では，地域のリタイア組のおじ様たちにヒアリングして回って，その知恵と人脈を地域福祉に役立てようという企画を実践していった。この場合は，「業務──プラン未定」ということになる。この分類の人に対しては，「現状の一部を切り取る」を意識する。何か新しいプランを考えたいと力が入りすぎてしまう人も多い。いまの業務を振り返り，業務の一環として取り組んでいることをそのまま言葉にしてみるところから始めようと問いかけてみる。

岡山県津山市の「たかくら塾」の2期生で，「無理しない」地域づくりの学校ではゲストスピーカーであった佐藤洋子さんは，病院の管理栄養士であり，ケアマネジャーでもあるという2つの資格を活かした地域活動の方法を模索していた。彼女は「空き時間——取り組みあり」であろう。このタイプの人に意識するのは，「とにかく面白く」である。すべきことも明確に定まっている。空き時間で活動するという意欲もある。その先，地域に波及していく活動というのは，その人の個性から垣間見える共感力であると思っている。つまり，「プラン半分，人柄半分」。もう半分の人柄の部分を全面に出していくために，講座の中ではとにかく面白く話させ，考えさせる。プランに違和感のある部分も面白さであるよと大きく反応を示すようにする。

8　「無理しない」地域づくりの学校で意識したこと

　ここまでは全国各地で運営している講座を意識して一般論で述べてきたが，ここでは，本書のメインである「無理しない」地域づくりの学校開講にあたって意識した点も少し書き留めておきたいと思う。

福祉で括らない

　本学校は岡山県の福祉人材を育成する講座という位置づけであるが，その中には，介護関係の人も，障害福祉関係の人も，ソーシャルワーカーも，社協職員も，行政の福祉担当も集まる，多様な集まりである。そこでまず留意するのは，「岡山県の福祉関係の人々」という一言で彼らを括らないという点である。だから，岡山県の福祉をどうすべきかなんて話はしないし，そうしたテーマに持っていかないようにしている。

　「無理しない」地域づくりの学校に来てくれた人々は，岡山県の福祉を支える人々ではあるし，岡山県の福祉が良くなったらいいなと誰しもが思っているだろう。ただ，それ以上に，自分自身の学びと成長のために参加しているのであり，自身がプランを発表して自分なりの行動を起こしたことについて褒めて

第5章　尾野流「人づくり・地域づくり」の極意　111

もらいたいのである。それを差し置いて，岡山県の福祉は，なんて括られたら受講生にとっては迷惑な話なのである。あんたに岡山県の福祉の何がわかるのという話になってしまう。

　これは，東日本大震災が発生した東北沿岸部に置き換えてみてもわかりやすいだろう。私自身，東北では宮城県南地域で「伊達ルネッサンス塾」，気仙沼市で「ぬま大学」という2つの講座を運営しているが，これまで東北に赴いて被災地復興をどうするかなんて話をしたことがないし，被災地なんて言葉すら発言したことがない。もちろん復興は地域の重要課題であるし，震災をきっかけに地域づくりに携わるようになった人も多い。ただ，そこに来ている受講生一人ひとりは，自身の個別のテーマに取り組む人々であり，その地域に暮らし，豊かな自然と人々のつながりを心から楽しんでいる人々である。それを，被災地なんて括られようものなら迷惑でしかないのだ。

　講座を通じて結果的に地域（横断的な）の多様なネットワークが構築された，という成果が出ればよいだけであって，最初から地域をこうすると括るようなことは，言うべきではないと思っている。

知らないことは知らないと言う勇気

　障害者雇用をはじめて約6年，障害者就労支援事業所の代表としてのキャリアは2年。一応，福祉事業所の代表ではある。反面そもそも地域づくりが専門なので，福祉の専門家ではない。たとえば地域包括ケアの取り組みにコメントを，と言われても私にはわからない。もちろん，部分的にわかることはあるが，福祉の専門職の人々を相手にしてかなうわけがない。下手なコメントをするのではなく，知らないことを知らないと勇気をもって言える姿勢で臨んでいた。

　そんな姿勢だと意地悪な人につけ入れられるのではないか？と心配してくれる人もいる。知恵比べを仕掛けられて，「勝った，若造，どうだ参ったか」と迫ってくるような人もごくまれに遭遇する。私はニコニコ顔で「ははは，参った」と返すだけである。

　それで満足して帰ってくれればそれでよいと思っているが，それでも状況が

好転したパターンを2つほど紹介しよう。

　まずは，「参った」と言い続けているうちに，やりとりがいつの間にか「参りましたよ，でも，大変ですね」「あんたも大変ね」と謎の共感が生まれたパターン。ふだん共感してくれる相手などいないので，大変ですねと言い合える関係性を構築できたことが極めて珍しいようだった。そこから他の受講生とも打ち解けるようになる事例があった。

　もう一つは，周りの人が周囲の共感を得て次々と成長していくのを見て焦りだすパターンである。自分の発表だけなぜかいつまでも盛り上がらない。そこで，やめた，もう来ないとなってしまう人もいるが，何かおかしい，自分も変わらなきゃと思ってくれればしめたものである。

注
(1)　当初は第4章の冒頭で触れた「マイプロジェクト」のシートを参考にしていたが，地域で実際に講座を進めていくうちに，地域版のために独自の変化を施した教材になっていった。
(2)　ただし，たとえ地域における挑戦であっても，ネズミ講は受け入れ対象外である。

第5章　尾野流「人づくり・地域づくり」の極意　113

〔コラム1〕

「無理しない」地域づくりの学校の一日

開会・オリエンテーション
学校ということで、まずは、竹端校長、尾野教頭の挨拶からスタート。
会場がお寺の場合は、ご住職からお話を伺ったりします。

ゲストトーク
続いて、まずはゲスト講師のお話を伺います。ゲストの話は、いつも新鮮で、刺激的。
この時のゲストは、矢田明子さん（NPO法人　おっちラボ）。ファンになる人続出でした。

そのまま校長、教頭を交えトークセッションへいくこともあります。
ここで、いったん、休憩をはさみます。

マイプランの発表・添削

そして,後半はマイプランの発表へ。発表順は,基本的にその場で決めます。時間は,発表5～7分,添削5～7分,合計で10～15分（第**5**章参照）

この研修での宝物,みんなからのコメントシートは,どんどんたまっていきます。この時は,正方形のふせんを使いました。

校長,教頭からのコメントは,受講生にとっては,どきどきの時間です。

そして,最後は懇親会です。
この時間も,個別に校長,教頭から添削を受けるなど大事な時間になっています。

第Ⅱ部

私が変われば地域が変わる
──受講生と事務局の成長プロセス

第6章

公私混同のなかで広がっていく人の輪

・・・・

難波衣里

　私は大学卒業後，高齢者福祉施設に就職し，介護職員として2年，その後2年間は相談員として働いた。働くなかで，自分の意見を言い出しにくい福祉現場の雰囲気や，地域との関わりがない閉塞感を経験した。どうにか現状を変えたいという気持ちをもっていたが，何をしたらよいのか分からず結局何もできない日々を過ごしていた。そんなときに出合ったのが，「無理しない」地域づくりの学校（以下，「学校」）だった。

　いまの現場を何とかしたいが，そのハードルはとても高いと感じていたため，全く違う新しい福祉の道を模索しようと「学校」を受講する。「学校」でのマイプランでは，職場，家庭以外の第三の居場所として祖父母の空き家の活用を進めることになった。そのことがきっかけで，空き家のある足守地域での地域づくりに関わることになる。

　地域で活動するなかで，自分でも場を持ちたいと思うようになり「お勝手ふらふら」という酒場を企画して女将を始める。また，足守でも「あしもり酒場」というコミュニティ酒場を月1回開催することになる。

　そういった職場外でのマイプランを進めるなかで，目を背けていた自らの職場とも向き合うことになった。この「学校」に出合うまでは，失敗を恐れて行動に移せなかった私が，マイプランを進めることで，職場内外で小さなトライアンドエラーを繰り返す日々を過ごしている。そのなかで，様々な人と出会い，公私混同のなかで人とのつながりを広げている。

1　これまでの生い立ちといまの仕事に至るまで

一人のおじいちゃんと出会い福祉の道へ進む

　岡山市生まれ，岡山市育ち。三姉妹の次女。高校まではバレーボール中心の生活を送っていた。大学入学後は，特にしたいことはなかったが，どうせ大学に4年間通うならと社会福祉士の資格取得を目指す。大学4年時の高齢者福祉施設での相談援助実習中に出会った一人のおじいちゃんをきっかけに，福祉の道を本気で目指すことになる。実習では，その方と近くの寺に外出することでとても喜んでもらうことができ，こんな自分でも役に立てることがあるのだなとうれしくなる。そうした経験があり，大学卒業後は高齢者福祉施設に就職し，介護職員として2年勤め，その後同じ施設で2年間相談員として勤務する。

福祉現場の現実から距離をおき福祉の可能性に触れる

　私でも人の役に立てるのではないかと夢と希望を抱き，歩み出した福祉の道であったが，現実はなかなか厳しかった。常に職員が足りないなかで，毎日同じタイムスケジュール・内容の業務をこなす日々。利用者さんの生活の質について考える余裕がないほど業務に追われていた。地域とのつながりもない閉鎖的な現場で，決められたことを決められたようにしているだけ。燃え尽きてしまいそうであった。早朝に家を出て深夜に帰る，職場と家を往復する毎日で，心身ともに疲弊していた。その現実から，逃げるように岡山のまちに飛び出した。そのなかで，面白そうな福祉のイベントをしていたのが，この「学校」の主催である岡山県社会福祉協議会の西村さんだった。西村さんとの出会いをきっかけに，福祉でもっと面白いことができるのではないかと思うようになる。その出会いのあとに「学校」の受講の話をいただき，受講することになった。

第6章　公私混同のなかで広がっていく人の輪

2 失敗を避けていた私がマイプランを通して前のめりに転べるように

　自らの直観とその場の勢いで学校受講は決めたものの，受講開始時点では特にしたいことはなかった。しかし，やってみたいことのプラン・イメージを提出するよう求められたため，いま感じているモヤモヤを書いて提出した。職場の居心地が悪かったため「誇りをもって面白いと思いながら仕事をできるように」と，それに対して何かプランを立てたいと思うようになる。

福祉現場のあきらめ感について

　仕事をしていて一番気になったのは，福祉現場に蔓延する忙しいのにそんなことはできない，やりたいことを口にしても無駄だというあきらめ感にも似た雰囲気である。利用者さんのことより職員の仕事をどう効率的にするか，それしか考えていないように思えた。そんな息の詰まりそうな雰囲気に耐えられず，離職していく人が多かった。介護職員として働いていた頃，1か月に数人離職するといった具合で，夜勤の回数が増えたり，残業の時間が増えたりと自分の業務にかかる負担も増えていった。

　そういった身体的な負担はもちろんだが，新しいことを提案すると忙しいのにそんなことはできないと冷たい目でみられる，やりたいことを伝えても愚痴しか返ってこないという状況があった。これが福祉現場に蔓延しているあきらめ感の要因であると思う。あきらめ感が蔓延するところでずっと働かなければいけない，という精神的な負担は強かった。

福祉現場で働いている人，異業種で働いている人を結びつけたい

　そのような福祉現場へ新しい空気を送り込むためにも，働くなかで感じた悩みや疑問を共有する場をつくりたいと考えた。職場では言えないことを言えるような場所を。こうしたらよいのにと心のなかで思っていても，どうせ聞く耳をもってもらえないとあきらめ，言い出せない状況がある。また，人によって

は現場の雰囲気に慣れすぎて，思考が停止しているのではないかと感じていた。学校に通うまでは職場の雰囲気は変わらないと半ば諦めていた。しかし，竹端さんや尾野さん，ゲスト，受講生と出会い，話を聞き，そして自分の考えを言語化するなかでアクションを起こしたいという想いが強くなった。

　保守的で思考停止を迫られる現場へ直接アプローチするのは，ハードルが高いと感じていた。そのため，初めに考えたプランは，職場以外の福祉現場で働いている人たちと交流する機会をつくるというものであった。そういったプランを考えているなかで，尾野さんの「つながりを作るならば近くの異業種，遠くの同業種」という助言をいただく。その助言をきっかけに，福祉だけでなく異業種の人々とも交流できる機会をつくるということが，私が考えた最初のプランとなった。

職場，家庭以外の第三の居場所をつくるというマイプランへ

　業種問わず交流する機会をつくろうと決めたものの，何もアイデアがなかった。そんなときに浮かんだのは，竹端さんが言われていた「ないものねだりではなく，あるもの探しをしよう」という言葉である。私がすでに持っているものとは何だろうと考えたときに，岡山市北区足守にある祖父母の家が空き家になっていることを思い出した。そこで，空き家になっている祖父母の家を活用し，職場，家庭以外の第三の居場所をつくることがマイプランとなった。

失敗を恐れていた私がエラーの達人へ

　初めに場を開いたのは，「学校」の第4回目の研修場所として提供したときである。研修開催場所を西村さんが直前まで検討していたのは知っていた。西村さんに「フィールドワークとしてうちの空き家使いませんか」と自ら提案してみた。断られるかもしれないとドキドキしたが，その言葉が出せたのは，第3回までに出会った方々がみんなトライアンドエラーを繰り返しながら進んできたという話を聞いたこと，それに加えてみんなに実際に現地に来てもらい，意見を言ってもらいたい一心だった。その場を開いていくのに不安があったた

め，みんなの太鼓判がほしかったのだ。その研修時に実際空き家に来てもらい，「ここ，いいね！」と言ってもらうことで，本格的に場を開いていきたいと腹が決まった。また，その研修当日，研修開始時間までに会場に着けなかったり，夕食の準備の段取りも整えられていなかったりとハプニングの連続であった。今までは人前で失敗する勇気さえもなかったため，頭の中で考えていることはあっても行動に移せず，こういった場は避けて通っていた。だが，この「学校」では前のめりに転んでも誰かが助けてくれる，そんな雰囲気があったため思いっきり転べた。

　この場を開くという経験をしたことで，自分だけですべてをしようとするのではなく，他者を頼っていいんだということと，とりあえず動いてみることで物事が前に進んでいくことを学んだ。この経験は私にとって，とても大きかった。

　現在もキャッチフレーズにしている「他力本願，見切り発車！」「必殺失敗人！　エラーの達人！」はこの経験から生まれた。これまで失敗はしたらいけないものという思いが強かった私には勇気がいることであったが，自分の力だけで完璧なプランを組めるはずはないし，他の人に関わってもらう余白がないとプランが広がっていかないことを身をもって学んだ。

　その研修開催後も，この「学校」の同志（受講生）や友人を空き家に招き，空き家の掃除や流しそうめん大会を行った。そのなかで，福祉業界で働いている人々のつながりはもちろん，異業種や地域の人々との出会いにもつながっていった。

3　空き家活用から地域づくりへとひろがる

足守との出合い

　足守は岡山市中心部から1時間ほど北西に上がった地域である。岡山市ではあるが，山々に囲まれ，のどかな田園風景が広がる，いわゆる「田舎」に分類

される。夏はホタル観賞や，川に入り魚捕りができるなど自然を満喫できる。秋には足守メロンや間倉ごぼうといった美味しい味覚を堪能できる。観光地化され過ぎておらず，ゆったりとした雰囲気のなか，近水園や旧足守商家藤田千年治邸など歴史的町並みも楽しめる。

　足守の真星という地域に父方の祖父母の空き家がある。祖父母が健在だった頃は年に数回訪れていた。しかし，祖父母が亡くなってからは，父親が時々家に風を入れるために訪れるくらいで私が足を運ぶことはほとんどなくなっていた。小さい頃は祖父母の家に行くのが嫌だった。なぜなら，山に囲まれているため，夜は光も音も消えるくらい本当に真っ暗で人の気配がせず，この世に自分しかいないのではと思うほど心細くなるからだ。

　この「学校」でマイプランをたてるまでは，祖父母の家の存在など頭の片隅にもなかった。だが，マイプランをたてるにあたって「あるもの探し」をしているときにふっと存在を思い出した。ずっと苦手だった祖父母の家との距離を縮めるチャンスではないかと思った。父親に話を聞くと祖父母の家は大正時代に建てられ，現在築100年以上になること，母屋があり，離れがあり，蔵もある昔ながらの建物であること等が分かってきた。私の先祖が，地域づくりのために使ってもよいと，この地まで招いてくれたようだ。

祖父母，そして父親の力を借りる

　祖父は私の幼い頃に亡くなったが，厳格でありながらも優しさを備えた立派な人だったような記憶がある。祖母は私が高校生になるまで健在だった。しかし，私は部活動や勉強の忙しさにかまけてお盆や正月に帰るくらいでほとんど会うことがなかった。亡くなったと聞いたとき，すごく後悔した。もっと会いに行って，他愛のない話をしたり，祖母特製のおはぎの作り方を聞いたりすればよかったと当時そう思ったことを強く覚えている。

　そういった思い出も薄れていた頃に，マイプランを進めるために祖父母の家に通うことになる。久しぶりに足を踏み入れた祖父母の家。最初に目についたのは祖母の残した薬や，段差のところに取り付けられている踏み台や手すりで

あった。福祉の仕事を経験することで、高校生の頃とは違う視点で祖父母の思い出と向き合うことになった。

　祖母は高齢者の一人暮らしだった。買い物や料理はどうしていたのだろう？ お風呂には入っていたのか？ 家を訪れてくれる人がいたのだろうか？ 悔いのない最期を送れたのだろうか。もっと早く福祉のことを勉強しておけばという後悔もある。その一方、このタイミングで私を招いてくれたのは、祖父母への恩返しとして、いまの自分にできることを地域に出てしなさいと祖父母が背中を押してくれたように思えた。

　祖父母の家の周りの散策に出かけたところ、地域の人々は見たことがない顔にとまどっているのが分かった。こちらから「難波です」と挨拶すると「ああ、おたちゃん家の娘さんかあ。大きくなったなぁ」と声を掛けられる。おたちゃんって誰？ よくよく話を伺うと私の父親のあだ名らしい。思いがけないところで父親の力も借りることになった。

足守の人たちとの交流

　初めに考えた祖父母の空き家で行う企画は、流しそうめんであった。今まで流しそうめんをしたことがなく、私自身がしてみたいと思っていたという単純な理由だ。しかし、流しそうめん用の竹が調達できず代替品で行おうと考えていた。そんなとき、遠くから遊びに来てくれた人たちのお土産を購入しようと近くのチーズ工房に初めて訪れた。その際に、チーズ工房のおじさんにこれから流しそうめんをすることを伝えると、なんと竹を分けてもらえたのだ。チーズ工房のおじさんが竹を空き家まで運んでれたおかげで、無事流しそうめんをすることができた。

　そのご縁で、後日チーズ工房にお礼を兼ねて遊びに行くと地域の人々が宴会をしていた。その輪に混ぜてもらったことで地域の人々との交流が始まった。現在は、地域で開催される行事に参加させてもらったり、自主企画をたて地域の人と交流する機会を設けたりしている。たとえば、春の山菜が採れる時期に地域の人の案内で山菜採りを楽しんだ後、山菜を調理し食事会を行うといった

写真6-1　地域の人々との交流（チーズ工房にて）

具合である（**写真6-1**）。

魅力的な人々と出会い地域づくりに片足を突っ込む

　地域の人々と交流を深めるとともに自分の足で地域を歩き，地域を知ることで，魅力的な人が多いことに気がつく。先に出てきた，長年足守に住んでいるチーズ工房のおじさんをはじめ，いつも私のことを気にかけ地域の行事に誘ってくれる山好きなおじさん，温泉と美味しい四季の料理が自慢の民宿を営む人，パン屋さん顔負けの本格的なパンを焼く料理上手な人，窓枠を寄せ集め廃材アートをされている設計士の町内会長，音楽が大好きで楽器を手作りしちゃう一風変わった住職，地域の特産品を使い新商品を考案しているラーメン屋さんなど個性溢れる人々との出会いがあった。その人々に共通するのが，自分が一番

楽しみながらも，地域のことを想い，活動しているところである。15年続いている地域を歩く「福谷八十八か所巡り」や30年続く「福谷花火大会」などの行事に参加しても地域愛，地域への誇りを感じられる。誰かにさせられているのではなく，皆の想いを結集して行事が行われている。そのような地域愛に溢れる人々と地域での生活を楽しく過ごすために，どんなことをしようかと日々話し合いを続け，小さく実践している状況である。

「お勝手ふらふら」で女将を始める

マイプランをすすめ，場をつくったり地域で活動している人に出会ううちに，自らも場を持ちたいという気持ちがむくむくわいてきた。その頃「学校」第2期のゲストの横田都志子さんから岡山市中心部の銘木店を借りて，毎月18日にバーを開いているという話を聞いた。それにあやかり毎月15日に「お勝手ふらふら」という酒場を始めた。「学校」第2期生の近藤陽子さんと私が女将となり，ふらっと来たお客さんにお酒と簡単な料理を出すというシンプルなものである。私たちの知り合いが主なお客さんだが，知り合いの知り合いが訪れてくれたり，時には本当に通りがかりの人がふらっと寄ってくれたりする。

横田さんがゲストとして話してくれたのが，7月。そして，「お勝手ふらふら」をスタートさせたのが9月であった。ここでこの「学校」で，修得した「他力本願，見切り発車！」という秘儀が功を奏し，いまも月1回のペースでオープンできている。ここで出会っていなければ「岡山市社会福祉協議会の近藤さん」と「高齢者福祉施設の難波さん」という仕事上での関係で終わっていたかもしれない。だが，現在は「こんちゃん」「えりり」というプライベートな関係性ができている。仕事をしているだけでは出会わないような人たちがお酒を飲み，ご飯を食べながら会話を交わしている。こうして公私混同のなかで広がっていく人の輪を間近でみることが，この上ない面白みである。場を開くと場が人を呼び，自然なつながりができていくので不思議である。

126　第Ⅱ部　私が変われば地域が変わる

写真6-2　足守に住んでいる人，勤めている人，学生等，誰もが気軽にお酒を飲み交わす「あしもり酒場」

足守で酒場を開く

　そして足守でも月1回，地元の人たちがお酒を飲める場をつくろうという話が持ち上がった。きっかけは，「学校」第2期生の種村暁也さんが所属する，障害福祉事業を展開しているももぞの学園と，ももぞの学園のグループホームを設計した無有建築工房，そして地元の岡山県立大学とが協働し，まちを歩き，これからの足守のまちへのアプローチを模索するというまち歩きである。そのときに「足守には飲み屋がない」という意見が出た。そこで，まち歩きの途中で見学させてもらった使っていない家や地元の寺を活用して，「あしもり酒場」をオープンさせることとなった（写真6-2）。

　「お勝手ふらふら」は福祉の現場で働く人や他の業界で働く人の交流の場と

なっているが,「あしもり酒場」は地元の人たちが集い, お酒を飲みながら, 地域に対する本音や普段思っていることを肩書きや役割にかかわらず話せる場所であると思う。同じような場を開いているが, 集ってくる人の年齢層も違うし, 話す内容も違う。準備は大変だが, 両方ともとても面白い場で私が一番楽しんでいる。

4 回り道をしながらも職場での枠組みを外す視点を得る

職場での枠組みを外すために「学校」で得た視点

マイプランの出発点は「職場のあきらめ感をどうにかしたい。誇りをもって面白いと思いながら仕事がしたい」であった。だが,「学校」へ通っている最中は自らの職場はどうせ変わらないと思っており, 職場外に目を向けることが多かった。休日は充実しているのに, 本業では不完全燃焼という感じがずっとあった。

職場では, 波風立てないように, 目立たないように息を潜めて仕事をしていた。誰かから批判され, 自分が傷つくことが怖くて, 自分の想いは胸に秘めたままにしていた。これでは, 仕事をただこなしているだけだ。なんだ, つまらない。「学校」では自分の想いを整理し言語化することで, 物事も動き始めているのに, というモヤモヤが日に日に募っていった。

職場を変えるのにどこから手をつけてよいか分からず, 取りあえず自分自身が日頃感じていることを職場で仲の良い先輩に対して口にしてみることから始めた。仕事終わりに休憩室で「今日から利用されている A さん, 元コーヒー屋さんらしいですよ」「え, B さんもコーヒー屋さんされてたって聞いたよ! コーヒー淹れてもらいたいね」とか,「C さん, 若い頃に編み物をよくされてて, 娘さんが毛糸と編み針持って来られてたよ。何か編んでもらえるか相談してみたいね」「D さん, 奥さんに聞いたんだけど元々写真植字をされていてポスターとかもデザインしていたみたい。明日, 空いてる時間に何か書いてもら

おうかな」など。

「何もすることがないのに，"起きましょう"って言われても，何時間も起きとけないよね。部活みたいな感じで合唱部とか写真部とか結成したら面白そう。何か発表する機会があれば目標になってよいかも」とか。雑談のなかで私も知らなかった利用者さんのことや新しいアイデアがたくさん出てきた。何時間話し込んだか覚えていないが，この職員から出てきたワクワク感を共有し，形にしたいと思った。それは何より自分がしたいこと，職員がしたいこと，そして利用者さんがしたいことが合わさったものだと感じたからだ。

写真6-3　利用者さんの編み物作品を販売

そのときに，参考になったのはやはり「学校」で出会った福祉の現場で働いている一歩先を行く先輩方の話である。

たとえば，「ぬかつくるとこ」の中野さんの，「ぬかびとさんから発生したものをつくっていく，その人を知ってもらうためにデザインする」「スタッフが徹底的に楽しむ」という言葉などである。その言葉で，現場での職種や役割の枠を取り払い，目の前の利用者さんと一緒に自分自身がしてみたいことをしてもよいのだという視点を得ることができた。

今までは職場の人たちに話をしても分かってもらえない，批判を受けるだけだと思い込んでいたため，職場の外ばかりに目を向けていた。しかし，職場で自分が日頃思っていることを言葉にしてみると，他の職員から意見やアイデアがたくさん出てきた。それらを聞いていると，自分が福祉の道を進もうと決めたときの気持ちを思い出した。「目の前の利用者さんの笑顔をみたい。自分自身も楽しんで関わりを持ちたい」ずっと秘めていた，自分の想いを実現できる

かもしれないと思った。

私のしたいから職員のしたいへ

職場でも自分の想いを実践してみたいと思うようになってからは，職員一人ずつに地道に自分の想いを言語化すること，また職員の想いをていねいに聞くことを心掛けた。私がすべて決めてしまっては意味がない。みんなが持っているアイディアと力を貸してもらおう。

職場内で対話を繰り返していくなかで，「行事を開催する際，職員がすべてを準備して，利用者さんはお客さんといった立場で行事に参加していることへの疑問」「毎年同じ内容の行事をしていることに対する疑問」が出てきた。その疑問を出発点に，施設の定例行事とは別に自分自身で企画を立て，規模は小さいながらも地域の方々を巻き込みながらお祭りを行った。

祭りのポスターは元々写真植字をしていた利用者さんにデザインしてもらった。また，祭りの中では昔コーヒー店を経営されていた方にコーヒーを淹れてもらったり，合唱団を結成し歌が得意な方に披露してもらったり，編み物が上手な方にヘアゴムやポーチを作ってもらい販売したりした（**写真6-3**）。利用者さんの家族で食堂を営む方に声を掛けるとチーズケーキ，羊羹を準備してくれた。

またその方が，地域の人に声を掛けてくださり，地域の子育て支援グループがステージを披露してくれたり，地域の方がお抹茶を点ててくれたり，お菓子を出店してくれたりと，人が人を呼び，想像もしていなかったことが次々と起こった。利用者さんも，家族も，職員も，皆今まで見たことがないくらいの笑顔が溢れていた。面白いことは現場の外にあると思っていたが，面白いことは現場にあったのだ。

「学校」でマイプランを進めたことで「自分のしたい」から始まる企画が「職員のしたい」に変容する過程を体感した。口にできないと思っていた自分がしたいことを言葉にして伝えることで，職場に新しい空気が入りあきらめ感や閉塞感が少し和らいだように思う。

5 公私混同のつながりで自分が変わり世界がひろがる

　「無理しない」地域づくりの学校に出合うまでは，自分の想いを人に伝えることはほとんどなかった。ましてや，自分の想いを職場では伝えてはいけないと思っていた。しかし，学校でマイプランとして自分の想いを言葉にし，小さなアクションを起こすようになったことでその考え方は180度変わった。職場内外で多様な人と出会い，そのつながりのなかで，自分でも驚くくらい行動範囲が広がったし，プライベートで出会った人と福祉や地域づくりの話が一緒にできることがとてもうれしかった。そして，職場外でマイプランを進めたことは一見回り道をしたように思えるが，その過程を経たことで私自身が変わり，目を背けていた自らの職場とも向き合うことができた。職場自体を変えることは難しいが，私のしたい，職員のしたい，そして利用者さんのしたいを引き出し，職場のこり固まった雰囲気に，新しい空気を少し吹き込めたように思う。こういったゴールのない道を進むことはとてもワクワクする。それは，自分一人で進んでいるのではなく，仲間たちと進むことができるからだ。

　「学校」に出合ってからのこれまでの2年間で起こった出来事の半分は自分のやりたいという気持ち，もう半分はその時々の出会いの力で予想もしていない方向へ転がっていった。今までは自分で全部しなくてはいけない，失敗してはいけないと思い込み行動に移せなかった私にとって，職場内外で人とつながり，ともにアクションしていけるようになったのは大きな成長である。今後もさらなる公私混同を目指し，人のつながりを広げていきたいと思っている。

第**7**章

本音が生み出す協力者

・・・・

森　亮介

みなさんは仕事をしていく中で「まあ仕方ない」って終わらせていることはないだろうか？　好きな仕事のはずなのに楽しくない，すごくがんばってるのに上司が評価してくれないなど。僕も心の中にどうしても晴れないモヤモヤしたものがあった。それは福祉制度に対する葛藤や，それを気軽に話せる場がなかったことだ。

何とかならんかなぁと思っていた時に，「無理しない」地域づくりの学校と出合う。そして学校で出会った人たちと本音で言葉を交わしていくうちに，僕でも何かできるかもしれないと勇気を持てるようになってきた。すると徐々にモヤモヤが少しずつ「ワクワク」に変わっていったのだ。

この章では僕がどのようにして「ワクワク」できるようになったのかを紹介していく。

1　挫折から毎日がおもろいへ

真面目ですぐ調子に乗ってしまう僕

僕は1987年に徳島県阿南市に生まれ，今年でちょうど30歳になる。昔から頼られると調子に乗って断れないタイプで，クラスの委員長や立志式で学年代表をしたこともあった。どちらかと言えば目立つ方の人間だった。勉強はできなかったけどわりと真面目な性格で，実はこの文章を書くのもアドバイスを過剰に鵜呑みにしてしまって苦労した。そういうところはあんまり昔から変わって

第Ⅱ部　私が変われば地域が変わる

いない。

　高校時代，僕はグランドホッケーに打ち込んでいた。国体や遠征で何度か行った岡山に縁を感じて，直感でここに行きたいと思った大学に入学する。僕は人のためになる仕事がしたいと思っていて，自然と福祉系の大学を選んでいた。元々僕は誰かに認められたり，頼られてそれに応えたりしたいという承認欲求が強かったのだ。暮らしやすさと面白い人が多いのが理由で，今でも岡山県民であり現在は総社市で暮らしている。

初めて挫折を味わった23歳

　福祉系大学へ進学した僕は最低限単位を落とさない程度に勉強していた。社会福祉士の資格は取得したが，福祉の道へは進まず医薬品営業の世界に足を踏み入れる。営業マンだった父の姿にも憧れていた。「スーツで働くんもカッコイイやん」っていう浅はかな気持ちも多少あった。若いうちにチャレンジしようと決めて，夢を抱いて営業マンになったのだ。

　しかし現実はそう甘くはなかった。夢を抱いて進んだ営業の道だったがそれとは裏腹に数字を求められる世界。数字をとるためには何とかして買ってもらわないといけない。必死に頭を下げながら僕は後ろめたさを感じていた。毎日のように罵倒されて，自分の存在を否定されているようだった。これまで味わったことのない挫折を感じて心身ともにボロボロになった。時には営業に行くのが怖くて，車から降りられず数時間過ごすこともあった。

自分らしく働きたい

　ボロボロになりながらも「負けたくない」一心でなんとか働いていたが，描いていた自分が働く姿との違いに僕は転職を決断する。それは入社して1年半が経った24歳の頃，今度こそは自分らしく働きたいという気持ちからだった。現在の職場へ入社し，介護職，相談員を経て地域包括支援センターの社会福祉士になる。地域包括支援センターに異動してもうすぐ4年だ。

　振り返ると介護の仕事をしている時，すでに僕は仕事の楽しさを感じていた。

なんと言ってもただ単に目の前にいる高齢者の笑顔が見られるだけでうれしかった。気づくと僕も笑顔で仕事をしていた。この感覚は前職にはなくて，必要とされているという感覚が僕の自信になっていった。

　今所属している地域包括支援センターでは，在宅で暮らす高齢者から介護保険や虐待，成年後見制度，生活保護等様々な相談が寄せらる。それに対して関連機関と連携し個別相談支援を行っている。また認知症施策や介護予防の推進，制度改正等に関わったり，地域住民と一緒になって暮らしやすいまちづくりに向けて話し合いを重ねている。市や地域といった広域支援の業務も行っている。このように「個」や「地域」へも一体的にアプローチできることに本当にやりがいを感じている。だから周りから最近仕事どう？って聞かれると僕は，「毎日おもろいで！」と答えている。

2　受講のきっかけは特に根拠のない直感だった

　日々の仕事は刺激的で楽しく充実していたが，介護や福祉の現場で仕事をすればするほど心のどこかにモヤモヤがでてきた。毎日楽しいしこれでええやん，と割り切ることができなかった。「なぜ１人の人生が様々な制度によって分断されて生きづらさを感じているんやろう」「なぜそんな想いを議論し合える場がないんやろう」って思うようになったのだ。僕の中でなぜが蔓延していたのである。そのままなぜを抱え込んだままにしておくのは簡単だ。普通に働くだけで給料はもらえるわけだし。でもやっぱりこのままでは心から面白くなくて，どうせならどんな時も心から面白いと思っていたかった。

　そんな時おもしろそうな企画が目に止まって迷わず応募した。それがこの「無理しない」地域づくりの学校との出合いである。チラシには以前，講演を聞いて一瞬でファンになった山梨学院大学の竹端さんの写真があった。企画していたのはこれまたいつもおもしろいことに巻き込んでくれる岡山県社会福祉協議会の西村さん。「これ絶対おもろいやん！」と直感だった。このモヤモヤを解消するのになんか糸口が見つかるかもという魂胆だった。今だから言うが，

あまり趣旨を理解していないまま飛び込んでいった。

苦し紛れのマイプラン

この講座では受講の始めにプランの提出を求められる。僕は内心、「げっ！宿題あるんかよ」って思った。考えがまとまらないまま僕は欲張りにも二つのプランを期限ギリギリに提出した。「田畑の有効活用」というプランと「総社市社会福祉士会の結成」というプランだ。

一つ目のプランについて少し説明する。日頃地域に関わる仕事をしていると、田畑を持て余して困っている高齢者に何人も会う。実際に「この田んぼ誰かしてもらえんかなぁ」という地域住民の声は多い。そのたびに今後この田畑はどうなっていくんだろうと思っていた。

そこで時間と元気のある人を集めれば田畑が生き返り、困りごとも解決できるかもしれないと思ったのである。今振り返ると本当に苦し紛れだったと思う。「どのようにして」、という部分が全くなかったのだ。

普段ならそんなノープランな状態だと不安になる。この時は思い返してみると、そんな不安よりこの学校のおもしろそうっていう直感が勝っていたのだと思う。このときはとりあえず受講してから後で考えようと思えたのだ。

総社市社会福祉士会（「そーしかい」）の結成

結局、二つ目のプランを進めていくことになる。なぜそうなったかと言うと一つ目のプランは竹端校長、尾野教頭から様々な質問を投げかけられたことに対し、あまり言葉が出てこなかったのだ。やりたいという気持ちはあったが、本当にやりたいこととは違ったのだろう。それに気づかされた。早速自分の本音と向き合うこととなったのである。そうやって導かれるように二つ目のプランへと取りかかった。

社会福祉士の専門性にはソーシャルアクションというものがある。それは仕事上で課題に感じた部分に働きかけていくことである。僕にはそれを一人でやれるほどの知識も自信もなかったが、「なぜ」に働きかけたかった。そこでま

第 **7** 章　本音が生み出す協力者　　135

ずは一緒にやってくれる仲間づくりから始めようと総社市社会福祉士会（以下，「そーしかい」）を結成した。これが二つ目のプランの始まりである。そして発起人だった僕は会の代表に就任する。

この会の強みは業務外の時間で活動することによって枠組みを気にせず幅広い取り組みができることである。県単位にも社会福祉士会は存在するが，それよりも市という小さな単位で組織化することで，フットワークの軽い動きが可能になると考えたのだ。

様々な企画は自分たちがやりたいと思えることをやることに重点を置いている。やらされるではなく「やりたい」ことをやる。これが仕事とは少し違うところだと思っている。やりたいという想いで行う活動はこんなにもエネルギーを生むのかとつくづく感じている。活動内容としては異分野勉強会や福祉の枠を超える企画をやっていくというプランを作った。現在では役員5名，会員は40名を超えている。様々な企画には，市外の方や福祉分野以外の人も参加してくれている。

二つの壁

全てが順風満帆に進んだわけではなかった。プランを進めていく中で僕は二つの壁にぶち当たったのである。一つは「そーしかい」の中で僕は代表としてどういった役割を果たせばよいのかが分かっていなかったことだ。代表にはなったものの周りは仕事においても人生においても先輩ばかり。はたして自分に何ができるのだろうと思った。いわゆるみんなをまとめるリーダー的存在はしっくりこなかった。

「無理しない」地域づくりの学校には他の研修にはない「対話」の繰り返しがある。それに毎回のプラン発表後に参加者からもらえるコメントシートがとても励みになる。様々なコメントをもらいつつ対話を繰り返すと自然に自分の本音にたどりつく。僕は「伝え手」でいいのだということに。

リーダーらしいことは一つもできないけど人に想いを伝える，多くの人に知ってもらってつながりを増やすことならできそうな気がした。そう思えたきっ

かけは竹端校長に「自分がどこかに呼ばれてしゃべれるようにならないといけない。それもソーシャルアクション」だと言われたことだった。自分の在り方が腑に落ちた時，一気に肩の力が抜けて楽になったのを覚えている。

もう一つの壁は「そーしかい」と自分，それぞれでやりたいことが混在していたことである。どの活動も僕にとっては大切で外すことができなかった。それゆえにまとまりがなかった。

居酒屋で教わったロードマップ

そこで尾野教頭からアドバイスをもらって，ロードマップに落とすことにした。そうやってアイデアを整理し，それぞれの活動が相互に絡み合っていくことを客観視できるようになった。

実はこのロードマップについて尾野教頭から個別指導を受けたのは居酒屋だった。ロードマップに落とすと整理しやすくはなったが，入れ込みたい内容が多すぎて分かりにくい状態になっていたのだ。すると尾野教頭から「組織の軸と自分軸で分けて整理してみたら」と言われる。目からウロコだった。

一つの流れにまとめなければいけないという枠にとらわれていたことにそこで初めて気がついた。尾野教頭はビールを片手に原稿に殴り書きで説明してくれた。そのかいあって，他の塾生とは違って僕だけロードマップのページが2枚へと成長したのだ（**資料7-1**）。

整理してみるとこの時期は，会を知ってもらうために懇親会が必要だ，この時期にはより多くの人が関心を寄せるような研修会を開くべきだといった目標が徐々に見えてきた。まずはこれから取り組むべきだと優先順位をつけることができたのである。それによって自分や団体の現状を客観的に捉えられ，見える化できた。自分に足りなかったのは一度立ち止まって整理することだったのだと気づいた。今思えば学外での添削授業はとても重要だったと思う。全行程に参加できない塾生にもこういったフォローアップの場を設けてくれるのがありがたい。

こうやって尾野教頭は塾生一人ひとりの想いや実現したいことをきちんと汲

資料7-1 ロードマップ――総社市社会福祉士会と自分

総社市社会福祉士会	8月	9月	10月	11月	12月	1月	2月	3月	1年後
会員数（発足時）	26名	26名	26名	30名	30名	35名	37名	37名	40名
役員会	第4回	第5回	第6回	第7回	第7回	第8回		第9回	
研修会（年2回）	第1回								
交流会・懇親会		懇親会		親睦会		中田会長を囲む会	親睦会		第2回
総会（年1回）	第1回								第2回
総シャルmeeting（意見交換会）				第1回			第2回		
ソーシャルアクション	活動報告	情報発信		活動報告		活動報告	活動報告		活動発表
ソーシャルアクション（時期未定）									

ソーシャルアクション（時期未定）欄の記載：

- NPO総社古民家を活用する会コラボ 企画 障害のある方の作品展覧会
- ～障がいのある方の余暇活動の場づくり～ 一緒にBBQ
- 総社市社会福祉士会で 雪舟フェスタに出店
- 地域で活躍されている方にインタビュー

自分（成長、ネットワークの拡大）	8月	9月	10月	11月	12月	1月	2月	3月	1年後
地域で活躍している方へインタビュー									インタビューをまとめる
地域への遠征									
地域内ネットワーク									
岡山県社会福祉士会									
語り場						町家deトーク 未定			細く長く続ける

自分欄の記載：

- 異業種交流会（に参加）
- NPOちみち
- 小総治さん（宝福寺副住職）
- みんつく NPO町家トラスト
- NPO総社古民家を活用する会
- 実習指導者課普及スタッフ
- 高井さん（地域づくりマイスター）
- 雲南市チャレンジ塾
- リレートークで情報発信
- 林さん（鬼ノ城塾塾長・阿曽の鋳物師）
- 異業種交流会に参加
- NPOみち
- 地域ケアシステム委員会実務研修スタッフ
- 町家deトーク 20代×福祉
- 町家deトーク 異業種

▷居酒屋で助言を受けて劇的に変わったロードマップ

み取って，今すべきことを的確にアドバイスしてくれるのである。自分の夢を大人が聞いてくれて認めてくれて「こうしたらもっと良くなるよ」なんて言われたらやる気が出ないわけがない。塾生全員が同じ目標に向かうというよりは，それぞれが自分らしく「どうありたい」や「何をしたい」に向かうのを大切にしてくれる。それがこの「学校」なのである。

3　ソーシャルな協働チーム「そーしかい」

僕たちにできることは何か

「無理しない」地域づくりの学校卒業後，専門職同士のつながりをさらに広げていき，その上で福祉以外の多様な人たちとつながっていきたいとより強く思った。最後の「学校」の授業で，福祉だけにとどまらずそれ以外の異業種とも連携し，「ソーシャルな協働チーム」を作ってほしいと言われた。この言葉は今後の「そーしかい」が福祉の枠を超えて活動していく指針になった。個別支援のスキルアップができる企画ももちろん必要だが，ソーシャルワーカーとしてしっかり地域や社会といった広い領域に向けて働きかけるためにネットワークを広げていきたい。

また，これも授業の中で言われた言葉だが，総社市の課題を探すのではなく「できることを探す」ということ。課題ばかりを探す，すなわち悪いとこ探しのような状態になっては楽しくない。まず僕たちにできることは"つながること"だ。福祉の人に限らず総社市のために一緒に考えてくれる人とつながっていく。自分たちができることから取り組み，壁にぶち当たればまた協力してくれる人とつながればいい。そんなふうに考えられるようになった。

多種多様な人々の話し合いの場「総シャル meeting」

ここからは「そーしかい」の活動を紹介していく。「そーしかい」が運営する「総シャル meeting」とは総社市における様々な地域課題について多様な人

が集まって考えるという活動である。この企画を始めたのは様々な立場の人が集まって総社市の地域課題について考えたり，知っておくべき地域の実態を学ぶ場が必要だという意見が集まったのがきっかけである。

「総シャルmeeting」2回目である2016（平成28）年5月には，総社市で暮らす外国人を知る企画を行ってみた。総社市には多くの外国人が暮らしている。工場や介護施設等での外国人雇用が増加しているためである。しかし外国人がどのような生活をしていて，どんなことに困っているのかはほとんど知らなかった。同じまちに住んでいるにもかかわらず，いかに関わる機会が少ないかということが分かる。そんな実態に疑問を感じて企画した。

多文化共生推進員の人を招いて総社市で暮らす外国人についての講話を聞き，グループに分かれて参加者同士で考えた。社会保障はどうなっているのか，言葉の壁に困った時どうするのか，どんなコミュニティに属しているのかなどを知って共通理解ができた。これがきっかけでもっと情報発信・共有をし，関わる機会を持とうという動きにつながった。僕自身も総社市の外国人が集まる運動会に参加し汗を流した。このように様々なテーマを多ジャンルの人が集まってミーティングできることがこの場の魅力なのである。

自分の想いに向き合い発する場「そーしゃるカフェ」

「そーしゃるカフェ」とは古民家で，参加者同士の距離を縮めて福祉や総社市について自由に語り合う場のことである（**写真7-1**）。実はこれは学校で学んだ"対話"が目的で行った企画である。特に社会人になると自分の想いを語ったり向き合うことは減ってくると僕は思う。対話によって自分の本音に気付くという体験をしてほしかった。それには環境も重要である。そこで古民家で床に座って話すということにこだわった。柔らかな雰囲気だからこそ笑顔も本音も出てくる。これは尾野教頭の掲げる「コンクリート禁止」をパクったものである。話し合ったテーマの一つに「今後，福祉でどんな楽しいことをしたいか」というものがあったが，その中で「福祉をテーマに映画や番組を作りたい」や「障害者の旅行ツアーを組みたい」といった自由な発想の回答が多数あ

写真7-1　ワールドカフェ形式で想いを交わす

った。

発信力を鍛え，学べる場「福祉の主張」

「そーしかい」メンバーから最も多かったのが異分野のことを学びたいという意見であった。業務中の時間で研修に参加できるのは，自分が働く分野に大抵絞られる。高齢者なら高齢者，児童なら児童といったように，制度によって分けられているため，業務中では他分野の勉強はできないのが現状だ。だが，様々な制度ができて守られる人が増えた半面，それに当てはまらない少数派や制度の狭間に落ちる人を生んでいるのも事実である。それがメンバーからの意見として「いつか業務にも生かせる場面があるかもしれない」「興味があるから勉強したい」というものが多かった理由かもしれない。困っている人のニーズが多様化しているからこそ他分野を学んだり，他分野の人とつながることは重要なのである。

ただ普通に講師を招くのではなく，すでにメンバーにいる多様な分野のスペシャリストに二つの異分野でプレゼンをし合ってもらうという企画を立てた。それが「福祉の主張」である。二つの分野でまさに主張し合ってもらうのである。二つの分野の関連性や，制度が分かれているからこそ生まれてくる歪みについても考えることができた。たとえば第1回目の「高齢×障がい」では65歳というラインを超えると障害者から高齢者へと制度がガラッと変わり，それに

写真7-2　福祉の主張「高齢×障がい」の回

よって生活に支障が出てくることについて多くの意見を交わすことができた（写真7-2）。この企画は今後も分野を変え，継続していきたい。

4　ソーシャルワーカー森が「おもろい」を求めて

僕はチーム以外で，個人としてもソーシャルワーカーの活動をしている。ここではその内二つを紹介したい。

アートハウスと地域が溶け合うように

ある時アートの個展，交流の場として再生途中の古民家と出合う。その家は古くからある邸宅で今は誰も住んでいない空き家だった。今は外から来たアーティストが再生している。せっかく素敵な場所に生まれ変わっても「あの家で何かしてるけど，よう分からんなあ」で地域から浮いてしまっては意味がないと僕は思った。

僕は地域の人たちが途中の段階からでも再生に関わったら，愛着も湧いて地域に受け入れられる場所になるかもと考えた。そこで学生や地域住民を巻き込

んで荒れ果てた庭の清掃をするという企画を実施した。子どもも参加してくれたおかげで賑やかな清掃活動になった。今後このアートハウスと地域や福祉を結びつけて，「溶け合う」ような企画を考えていきたい。

参加者もテーマも自由な場「町家 de ゆるりトーク」

「町家 de ゆるりトーク」とは，様々なテーマについて町家という最高のロケーションで語り合うトークイベントである。僕は福祉系イベントに参加することが増えたことで気づいたことがある。「介護職と出会わんなぁ」って。それは不規則勤務だからかもしれない。しかしそれでは多くの人と出会って様々な価値観や刺激を感じることも少なくなるしもったいないと思った。

そこで様々な職場から介護職を集めて語れる場を作ったのである。介護に対する想いを語るのは恥ずかしくてあまり同僚には話しにくいのかもしれない。でも職場から離れてみると案外話せるのではないかと考えた。

介護をする中で大事にしていることや自分が施設長になったらどんな施設にしたいかといったテーマでトークをしてもらった。参加者からは「介護という仕事にどんな想いを持っていたのか思い出すきっかけになった」「普通に仕事してるだけだと，こんな経験できないから楽しかった」などの意見がでた。

まだ福祉に関連するテーマでしか行ったことはないが，今後はもっと他ジャンルのテーマで実施してみても面白いかもと思っている。

人を巻きこんで「ナンボ」

学校を卒業して働き方も少し変わってきた。一言で言うなら人の巻き込み方（お願いの仕方）である。今まではいわゆるセオリー通りの仕事をしていた。課題に対して普段からよく関わる人たちとだけ関わってその中で解決しようとしていた。悪く言えば，失敗しないために舵取りしやすい人たちを選んでいたとも言える。

巻き込み方が変わったとは，そういった舵取りしやすい人たち以外の人も巻き込んで課題に対して取り組めるようになったのである。もちろんそうなると

第 **7** 章　本音が生み出す協力者　143

予想外の方向へ行くこともあるが、それを楽しめるようになった。

　最近、駅前に素敵な古民家を発見した。ここは地域住民がひっそりと貸しスペースとして始めた場所だった。最寄り大学とも徒歩圏内で学生を巻き込んだ居場所づくりをするには最高だと思った。まずは学生、社協、地域住民を巻き込んで取り組みを始めている。

　実はこの地区は集いの場が少なく悩んでいる地区だ。その課題は小地域ケア会議（総社市では地域住民と一緒に住みやすい地域にするために話し合う場をおおむね小学校区単位で開催している）で何度も挙がってきていた。これまではあくまで地域の主役は住民、その課題を解決するのも住民だと思っていた。だから僕はそのサポートで様々な投げかけを行ってきた。だがなかなか進展はしなかった。

　そのうち僕は気づいた。時には「僕も住民の一人やで」というくらいの気持ちで、住民と「共に」汗を流すことができていなかったと。やはり自分は地域包括支援センターの人間で、どこかで住民との間に線を引いていたのだと思う。つまり上から目線ではなく、どれだけ住民と対等になれるかが重要だったということ。今は人を巻き込んでナンボやと思っていて、その中で僕も一人のメンバーという気持ちで関わっている。その方が絶対楽しいし、巻き込むことがまちづくりの一歩なのかなと今では思う。

たどりついた本音が生み出す協力者

　今までの僕なら、笑われるかもしれへんとか、興味を持ってくれへんかったらどうしようとか、そんなことばかり考えていた。でもよくよく考えてみると、困ったり協力してほしい時こそ人に話すべきだと思う。自分だけで解決できないことは山ほどあるし。あとは話す勇気だけ。

　自分の本音をさらけ出したら自然に共感や協力してくれる人が現れる。もしくは協力してくれる人を紹介してくれる。これは実際に僕が体感したから言えることだが、そうやってどんどん人脈も広がっていくのだ。こうなればこっちのもの。あれこれ考える前に行動すればいい。この「学校」ではそんな同志と

144　第Ⅱ部　私が変われば地域が変わる

も呼べる存在に出会えることも魅力の一つなのである。

　「本音にたどりつく」ことを塾生たちは様々な言葉で表現するが，僕の表現はこうだ。元々自分の胸の奥に眠っていた本音があって，「学校」での対話の作業はその本音を隠している様々な選択肢や「こうでないといけない」という固定概念を削り取っていく作業だと。まだ心のどこかがモヤモヤしている人はこれを実際に体感し，「自分はどう在りたいのか」に沿った生き方をしてほしいと僕は願う。

第8章

はじめの半歩を支える──ゆれる場づくり

・・・

北尾尚子・西木奈央

　私たち（北尾・西木）は，京都府社会福祉協議会（以下，府社協）というところで働いている。福祉業界の中での立ち位置としては，編著者の西村さんと同じ「都道府県社会福祉協議会（以下，都道府県社協）」というところに属している。都道府県社協というところの仕事にイメージが湧かない人も多いと思うが，私たちの仕事のメインは，地域福祉の現場で働く人たちのバックアップだ。

　岡山の取り組みを参考に始めた，今回の研修の場づくりもその一つで，今年で2年目を迎える。まだ1年やってみての感触だが，小さな手ごたえを感じているし，何より自分たちがやっていて「楽しい」。それも，心の底からじわっとくる感じ。それは，この場に取り組む自分たち自身が「ワタシゴト」として取り組めているからではないか，と思う。しかし，そうは言いつつ，私たち自身もまだまだ「ワタシ」の出し方には試行錯誤している毎日だ。「都道府県社協の職員として」という役割意識みたいなものは常に頭にありつつも，できる限り素の自分（ワタシ）の感じることや価値観を忘れないように，いつも頭の中で行ったり来たりしている。私たちもまた，悩める受講生と同じように"ゆれながら"チャレンジしている。

1　私たちのモヤモヤ

北尾のワタシゴト

社会福祉協議会（以下，社協）って「なにか」の役にたっていると漠然と思

っていた入職3年目，私は行政機関への出向を命じられた。配属された部署は，様々な団体とともに地域包括ケアの体制を構築するために事業を行うダイナミックな動きのある部署であった。知事の肝いりの組織であり，政策と直結している。そこで私は「さぁ，社協さんはなにができるんだ」と常に問われる立場となった。その中で，自分が感じていた「なにかの」役に立っている感はリアルな言葉ではなく単なる感じでしかなかったことに気づかされた。私は社協というかぶりものをまとっただけのただの事務職の一人でしかなかったと痛感した。かつて忙しかった私の日々は，対応や対処だけになっていたのではないか。委託や補助金にしばられた仕事に忙しくしていただけだった。自分たちの方が，実は枠にとらわれて，枠に収まろうと考えているのではないだろうか。実態を明らかにし，理解を得ることで地域の課題の解決につなげたり，よりよくする機会をもっていたのに，その機会をしっかりとらえ，そしてその役割を果たしていなかったのだ。

西木のワタシゴト

私が社協に入ったのは2012（平成24）年4月である。前年の3月には東日本大震災があり，あの頃はまだ復興のムードや社会が変わろうとしている兆しがあった。社会の価値観が大きく変わろうとしている時，私は地域づくりの世界に足を踏み入れた。「社会を変えたい。その一端に身をおきたい。今がその時に違いない」という漠然とした想いだけが，モチベーションになっていた。

都道府県社協に入ってみて強く感じたことは「行政」との近さだった。府社協の施策が京都府の地域福祉施策とリンクしているというダイナミックさと怖さ。その責任の重さ故か，なんとなく失敗が許されず手堅くいくことを好むような雰囲気があった。国からはどんどん重要施策が降ってきて，それを受け止めるだけで手一杯になっているようにも思えた。社会を変えるどころか，目の前に降りかかってくる仕事を打ち返すだけで疲弊している現状。打ち返すことすら，できない自分。日々，モヤモヤが募っていた。

私たちそれぞれが感じていたのは，社協が本当に地域づくりの役に立ってい

るのか，社協がやっていることが地域の課題解決につながっているのだろうか，それを胸を張って言えるのだろうかということであった。都道府県社協という，地域福祉の現場から一歩はなれたところにいると，実感を得るのは本当に難しい。

　地域の課題が解決していないとしたら，社協が十分に役割を果たせていないということではないか，そこにきちんと向き合っているのだろうか。新しい施策や制度に追われて，課題を課題のままにしているのは私たちではないか。私たちは「課題」を語ることは得意でも，社会を変える未来予想図は持ち合わせているのだろうか……。都道府県社協はいったい何のためにあるのだろう。自分たちの組織を批判してみても何も始まらないのだけど，どうしようもなく日々モヤモヤは募っていた。

ワクワクいる人，していない人

　そんな日々の救いは一緒に仕事を進めていく中で出会う市町村社協職員の存在だった。私たちにとっては大切な「同志」ともいうべき存在だ。日々，地域住民とともに悩み・奮闘している姿を知るにつけ，私たち自身も励まされ，勇気づけられていた。

　しかし，その反面，やりたいことがあるけど悩んでいる人，組織で孤立している人，また組織に疲れて退職する人が多くいた。年度末になると静かに飛び交う「退職」の知らせは，いつも心にかなりこたえる。つらく，やるせない気持ちになったことが何度もあった。

　府社協にいると，いろいろな市町村社協の状況が見えてくる。私たちは「市町村社協支援」ということをミッションに掲げつつも，別組織である市町村の社協に対して何ができるのだろう。想いを持ちながら社協を去っていた先輩や仲間のことや，今日も現場で身を削りながら奮闘している社協職員のことを考えながら，どうしてそのパワーがよい循環につながらないのか，そのちぐはぐさを埋める方法にずっと悩んでいた。

148　第Ⅱ部　私が変われば地域が変わる

2 ワタシを活かす研修との出会い

これまでの研修と限界

　都道府県社協が行う仕事の一つに「市町村社協支援」という大きな軸がある。市町村社協の職員を対象にした学びの場をつくるのもその一つであり，従来から府社協では社協職員を対象にした「コミュニティワーカー実践研究会」という研修を行っていた。

　研修の持ち方については，かつては知識や先行事例を学ぶようなオーソドックスな研修がメインだったが，それは一時的な対処になっているように感じていた。地域課題が複雑化し，「総合相談」「生活困窮者支援」といった役割が社協に求められるようになる中で，「このままでいいのだろうか？」という疑問が生まれていた。一筋縄ではいかない複雑で困難な課題を抱えた人たちに向き合い続ける職員が，疲弊している現状を見聞きしていたからだ。

　「なんとかこの職員たちを支える場をつくれないか」。私たちは，これまでの研修という「場」のあり方を再考することにした。

　そこで2012（平成24）年度から研修体系を再編し，ワーカーの「知識・スキル」に焦点を当てたワーク編とワーカーである「人そのもの」に焦点を当てたワーカー編（これがのちに今回の京都版の「無理しない」地域づくりの学校となる）の2部構成で実施することとなった。

　この時のワーカー編では，「ケースメソッド」という手法を使い，受講者が「私」を主語に自分の担当した事例（特にモヤモヤが残った事例や心残りのある事例）を語ることを課していた。それはすなわち，成功体験ではなく，自分の失敗談や後悔を言葉にしてさらけ出すということである。正直，受講者にとってはかなりキツイ研修だったと思う。だけど，お互いが「私」をさらけ出すことで，結果的にそれが場に勇気をもたらしていた。

　私たちはこの「ワーカー編」研修を通して，受講者の一人ひとりの生身の言

第**8**章　はじめの半歩を支える　149

葉や心に秘めた思いや悩みを垣間見ることとなった。それは普段の数分の電話では語られることのない赤裸々な言葉だった。「市町村社協支援」と私たちは言うけれど，うわべだけじゃなくて，この赤裸々な言葉たちから始めなければ意味がないと思った。まさに，心が締め付けられるような体験だった。

本音には本音で返す

2012〜2014（平成24〜26）年度まで３年間続けたこの研修は私たちに大きな手ごたえとともに，本音に「触れてしまった」ことで「もう後には引けない感じ」をもたらすことになった。本音には本音で返さなければならないと感じていた。この研修の続きを，どのように展開させていけばいいのか。小手先では何もできなかった。結局，新プログラムをスタートさせる予定だった2015（平成27）年度はそれまでの３年間の振り返りと私たちが目指す研修＝人材育成とは何なのか，ということをひたすら考え続けることとなったが，今思えばこの１年間「吟味」があったからこそ，この「無理しない」地域づくりの学校との出合いや "ワタシを活かす" というコンセプトにつながったのだと思う。

１年間の紆余曲折を経て，私たちが掲げたビジョンは以下の３つだった。

> ① ワタシの頭で考えられる社協職員を育てること
> ② 府内の社協職員同士のピアな関係を育てること
> ③ 上記のような「場」を保障していくこと

「無理しない」地域づくりの学校との出合い

私たちは，目指したいビジョンを具現化する方法として研修の中で "対話" ということを一つのキーワードにできないかと考えていた。それには先に府社協として2012〜2014年度に行った研修の中でも参考図書として活用していた，本書の編著者である竹端さんの『枠組み外しの旅』（青灯社，2012年）が大いにヒントになっていた。

自分や他者との「ほんまもんの対話」を人材育成に活かすプログラムづくり

ができないものか……。模索をする中で，竹端さんと岡山県社協が実施している「無理しない」地域づくりの学校にたどり着いた。「もともとのワタシを活かす」というコンセプトや人材育成のビジョンにも共感するところばかりで，私たちが求めていたものだった。

　上司のツテをたどって竹端さんにお会いする機会を（なかなか強引に）作り，必死のラブコール。2016年初夏には，2年目を迎えた「無理しない」地域づくりの学校の初日を見学しに岡山へ行った。それはまさに，私たちが今まで積み上げてきたものと合致した瞬間だった。

　興奮覚めやらぬ中，京都に帰って急いで企画書を整理し，フル回転で四方八方に調整の嵐。こうしてなんとか，京都での姉妹学校「コミュニティワーカー実践研究会〜"ワタシ"からはじまる地域づくり〜」が2016年8月からスタートすることになったのだ。

3　「ワタシからはじまる地域づくり」を実施して

「コミュニティワーカー実践研究会〜"ワタシ"からはじまる地域づくり〜」

　府社協主催の京都での研修は，8月から11月までの平日3日間（12時30分〜17時）で実施した（途中，自由参加で3時間の補講日を設けた）。対象は社協職員限定で経験年数は3〜10年の中堅職員とした。研修参加にあたっては，3日間出席すること，毎回の課題を提出することを条件とした。「住民と対話できるワーカーになるための"言語化"のトレーニングができます！」を売り文句に，ドキドキしながら社協職員の反応を待った。結果，府内から13名の社協職員（地域福祉・ボランティア担当，包括支援センター，権利擁護事業担当等）がこの研修に申込みをしてくれた。

スタートラインは「業務」

　この研修は「社協職員のみ」を対象としていたため，受講生は基本的には業

務時間内に「仕事」として研修に参加する。参加してもらうには，組織として
この研修が大事だと理解され，送り出してもらえることも必要だった。私たち
にとっても未知な部分が多い取り組みだったので，この形のあるような，ない
ような研修をどう示すか，どう伝えるか，ということは最初の苦労だった。

　受講生は「業務」で参加するのだから，当然みんな最初は社協職員としての
お仕事モードだ。「上司に言われたから参加した」「課題だからマイプランを考
えた」という正直な人もいた。それから，「府社協は何がしたいの？」「この研
修で私たちに何を求めているのか（ゴールを）示してほしい」という雰囲気も
あった。マイプランについても，業務視点のものと業務とは全く関係のないプ
ライベート視点の人とに，ほぼ二分されていて，岡山の学校との違いに驚いた。
だからこそ，波長合わせは今まで以上にていねいにすることで，業務からの切
り替えが必要だった。

業務から一歩踏み出すことを支える仕掛け

　いよいよ研修がはじまった。3回と1回の補講（自由参加）を通じて，マイ
プランを作成し語るということをていねいに繰り返す。また，毎回ゲストから
の刺激，学び合う仲間の姿や言葉からの刺激というプロセスを経る中で自分に
向き合うことを重ねていった。

　それを継続的に支援するために，下の3つを仕掛けた。

> ①　毎回始まる前にランチをとりながらアイスブレークし気持ちの切り替えを
> 　行う
> ②　ロードマップを作成し研修の流れと前回の内容の報告を行う
> ③　受講生＋先生＋主催者のメーリングリストを立ち上げる

　また，業務出張には報告書が欠かせない。この場は学びになるが，「この研
修をどう職場に報告したらよいか」という声もあった。業務から一歩踏み出す
ために，業務としてきていることへの保証が必要であった。

　そこで，研修の意図やこの場の学び方やプロセスをそれぞれの職場でも共有

152　第Ⅱ部　私が変われば地域が変わる

できるような見せ方の工夫もした。ロードマップ（**資料8-1**）の作成もその可視化の一つであり，それは毎回の振り返りシートとしても活用した。メーリングリストは3回の研修日までの間をつなぐことと仲間づくりを目的とした。ただ，「自由にどうぞ！」といってもなかなか慣れないこともあり進まないため，まずは感想を発信することから始めた。受講者が次の書き手を指名してバトンをつなぐという形でゆるやかにつながりを深めていった。

私は私でいたい──受講生の変化

受講者にとって，マイプランの作成は，安定したい自分とこのままでよいかという不安な自分に向き合う作業だった。それぞれがそのしんどさを味わっていた。そして，研修の場ではそれらの思いを声に出すということを積み重ねていった。この経験が次の一歩を踏み出すことにつながり，次第に受講生に変化が生まれていった。

たとえば，1日目は，小さな声で自信がなさそうに話していたOさん。1日目と2日目までの自分の変化として，「地域で話すときに意識して大きな声を出してみたら，『うるさい』といわれた」というエピソードを紹介して，みんなの笑いを呼んでいた。「ただ，いつもより大きな声でしゃべってみる」という小さなチャレンジが，なぜか，私たちにとってもものすごくうれしいことに感じられた。

今までの自分から小さな一歩を踏み出した変化をみんなで共有し認めあう心地よい場は，その後，Oさんのこんな発言を生み出した。

「（この研修を受ける中で）私は私でいたいし，ありのままでいていいと生まれて初めて思えた」。

社協の研修の場で，まさかこんな言葉が生まれるとは思ってもなかった。そんな驚きとOさんの変化がうれしかったのもあったけれど，それ以上に，言葉にできないくらい胸があつくなった自分がいた。主催者としてとか，事務局としてとか，そんなことではなくて，ただの「いちワタシ」として，Oさん

資料8-1　ロードマップの例

"ワタシ"からはじまる地域づくり

自分の言葉で住民と対話できるワーカー
住民と真に協働できる社協職員になる

> キーワードは
> "じぶんごと"としてとらえ、
> 自分の言葉で語る

1日目【自分との出会い】
◆自分は何者か？
◆どんなことに興味があるのか？
◆何をしたい？

8月4日の"ワタシ"
【内容】
竹端先生による講義と事前課題の発表
①なぜ「"ワタシ"からはじまる地域づくり」が大切か
②事前課題マイプランの発表

【事前課題】
①自己紹介シート
②自分の興味のあること
③マイプランのたね

【ピピッときたこと】
・なんとなく思って、なんとなく行動していることが多いのでは…
・「ままが自分が変わることにとって簡単そうで難しい」
・まわりの社協職員との壁…ますが、自分が変わる。

【その後の変化、感じたこと】
「話していて刺激し合うと、自分の中で形になっていた言葉、思考が出てくる。それがじわじわ効いてくる。

ACTION！

2日目【自分を深める】
◆マイプランによる思いの言語化
◆プランの具体的イメージを深める

10月14日の"ワタシ"
【内容】
ゲストトーク＆マイプランの中間発表
①ゲストの発想や生き方を学びヒントに！
②マイプランの発表を通じて、自分の思いを明確にしていく

【宿題】
①マイプランを具体的にしていくためのミッション、方法の検討
②材料あつめ

【ピピッときたこと】
・生きることは基本的にしんどい。やってやらなくてもしんどいならやってしんどい方に進む。
・小さくあること。目の届く範囲、半径5Km
・小さなことを重ねながら小さな実験を積み重ねる。
・ワークしている中にライフがある。生きながら働く、いい働きをしていいのよ。いい生き方、いい働きについて29オして思った。
・自分は意外に行動力があった。
・この研修に来るか、直前まで迷った。

ACTION！

3日目【その予感をホンモノに！】
◆マイプランを誰かに伝える、しゃべる

11月25日の"ワタシ"
【内容】
ゲストトーク＆マイプランの最終発表
①ゲストの発想や生き方を学ぶ
②今の自分がやりたいことを自分なりの形で発表！

【宿題】
マイプラン完成！

【みんなのマイプラン】
○ほっとハウスチエさんのような居場所を増やす！
○PUB（公共の家）から愛を伝える〜ぼくらは〜
○自分にできることが自然と色々なことに繋がること
○集える場で"生きる力"を育めるまちづくり
○子どもたちが幸せでいられること
○家族みんなが幸せでいられること
○鹿野山から発信する子育て世代（お父さん役半ば）
○常設型の誰でも気軽に通えるサロンづくり
○社会資源の開発・再編成
○小さな夢を叶え隊を結成すること
○Think globally, Act locally
○健康で仕事も趣味も楽しめる充実した生活

▷作成していたロードマップ。自分たちの進んできた道を可視化するために作成。これをつくることは主催者側の2人がこの場の意味を対話する機会になった。毎回の講座の冒頭で振り返りに使った。

の姿に自分を重ねていた。もしかしたら，他の受講生もそうだったのかもしれない。誰かの変化に刺激を受け，自分も変われるかもしれないと，勇気が出る。ここはそんな場だ。

また，上司から言われて参加したというKさんは，「こういう課題が一番苦手で逃げてきた」と1回目では話した。自分自身に向き合う中で，自分の生まれ育った地区に関わりたいという思いが湧き起こり，地区の歴史を調べ，地区の人にヒアリングする中でもっと発信したいとつながっていく。そして，最終回には地区の活性化のための具体的な一歩を，活き活きと語っていた。それは社協職員として，またその地区が好きな住民として両面があったKさんだからこその一歩であった。

「自分らしく」とか「自分を活かす」というのは，言葉で言うよりずっと難しい。でもそれがピタっとはまった時，人は活き活きと輝くのだなぁとKさんを見て感じた。

回を重ねるごとにマイプランは，その人らしさと今の社協で働く自分とをつなぎ，形になっていった。それらは決してきれいなうわべだけの「実行目標」ではなく，心の底から出てきた言葉，まさに身の丈の言葉から生まれたものであった。

誰もが変化の可能性を持っている。OさんもKさんも身をもって，それを教えてくれた。それは，たぶん，ずっと私たちが言いたかったことで，私たちが信じていたい希望なのだと思う。

このような自分自身に目を向けることを繰り返しそれぞれが内省する研修が，こちらが想定していた以上に受け止められていた。そして，すぐに使える技術ではなくともその人の深いところで蓄えとなり，力になっていた。その場面を目の当たりにし，日常にこういった機会や場がいかにないかを痛感した。

主催者の中で芽生えた変化

この場をつくることは，主催者である私たちにとっても大きなチャレンジとなった。振り返ってみれば，私たちはいつも「事務局」という言葉に甘えてい

第**8**章　はじめの半歩を支える　155

たのではないかと思う。会場の後ろに座ってタイムキープや事務的アナウンスをすることに，場に入りきれない寂しさを感じつつも，ある意味「そうゆうもんだから」と半分諦めの感情もあったのではないかと思う。

ただ，懺悔すると，受講生との間に一線を引くことで「深く関わらなくてもよい」という後ろ向きな安心を無意識に得ようとする面があったことも薄々気付いていた。場に入らないと本当の声は聞けないし，出してもくれない。それはこの場で学んだことだ。5段階で評価するようなアンケートの結果に一喜一憂することが，全てではない。

"対話する"事務局

その意味で，岡山の「無理しない」地域づくりの学校から気付かせてもらったことは多かった。まず，主催者がこの場にかける想いを「ワタシ」を主語にめちゃくちゃ語っていることに驚いた。主催者である西村さんの飾らないストレートな言葉がなんとも素直に心に飛び込んできて，一気にその場の雰囲気を作ったように感じた。また，受講生自身が自分の等身大の言葉で語る姿や，語られるマイプランを講師陣や受講生同士がとにかく受容し，ポジティブにアシストしていく場の雰囲気に圧倒された。

そこで，府社協での実践においても，主催者「も」語るということを大切にした。3回の講座の合間では，主催者である私たち2人で何度もこの場の意味を語り合い，受講生に伝えたい言葉を捜していく作業を惜しまなかった。これは，本当に苦しく，でも楽しい時間でもあった。あの場の熱量と雰囲気，目に見えない価値を言葉にするまさに「言語化の修行！」だった。他の仕事で忙しくて，頭が回らないときもあった。2人して頭から湯気を出しながら「ああでもない」「こうでもない」と，なんとか時間を見つけては話し合った。

でもこのことによって，私たちは初めて事務局的立場の一線を越えて，言うならば場にうごめく渦の中に一緒に飛び込む「プレイングマネージャー的役割」に立つことができたように思う。受講生も主催者も一緒に悩み，一緒に揺れ，また語り合う，その繰り返し。そんな受講生と主催者の新しい関係が生ま

れたことは大きかった。

支える人を支える専門職として

　また，企画——運営のプロセスにおいても大きな気付きと変化があった。岡山の「無理しない」地域づくりの学校受講生の様子を見て，真っ先に浮かんだのは京都府内のある社協職員Nさんの顔だった。「これからつくる講座は，悩めるNさんに受講してほしい」というシンプルな思いが，企画のスタートとしてストンと落ちた。「やらなきゃいけないからやる」のではなく，「誰かのことを思ってつくる」というほんの基本的なことが，意外とできていないものだと思う。また実際に場を開いてみると，Nさんと同じような悩みを抱えている他の職員とも出会うことになり，たくさんの変化を見せてくれることとなった。

　都道府県社協の職員としては自分には「現場がない」＝「現場実践をしていない」ことを，対市町村社協支援の面においても負い目に感じることがある。何を言っても机上の空論に聞こえてしまうんじゃないかと不安になったり，それをコンプレックスとさえ思っていた。

　でも，この場の運営を経て，実践の対象が対住民であるか，対支援者（職員）であるかという違いだけで，私たちもソーシャルワーク的な実践を行っているのではないか，と思うようになった。それは私たちにとって大きな気付きだった。「指導的立場」ではなく（もちろんそうならざるを得ない場面はあるが），悩み・揺れる同じ実践者として一緒に地域づくりをしていく仲間になること。もちろん現実的に立っている位置は違うが，立ち位置が違うからこそ発揮できる力や役割があるということを思い描けるようになった。

　受講生から寄せられた修了後の事後感想の中にこんな言葉があった。「府社協もしんどいときはしんどいって言ったらいいと思う。住民に支え合いを求めるなら，私たちも支え合える社協になろう」。

　市町村社協の職員が，地域住民のこと四六時中考えているとしたら，府社協の職員は市町村社協をはじめとする現場で奮闘するワーカーのことを，四六時

中考えるのが仕事だ。お互い「永遠の片思い」みたいだなと思う。立場は違っても，実践の種類は違っても，もしかしたら「片思い」の悩みや喜びは共有できるのかもしれない。

　都道府県社協と市町村社協の関係性が，この場を経て少しずつ変わっていく・変えられそうな気がしている。まだまだ先は長そうだけど，それがきっと私たちがめざす「地域づくり」にとって必要な変化だと信じて。

4　京都の取り組みで見えてきたこととこれから

事後アンケートから見えてくるこの場の意味

　受講生には，受講後に事後感想を書いてもらうこととしていた。感想は，講師と主催者しか読まないという条件で，ありのままの想いを最後に提出してもらったのだが，ほとんどの受講生が「自分自身と向き合うこと」について触れていたことが印象的だった。

　「こんなに自分と向きあったことはなかった」「自分と向き合うことは，本当にしんどい作業だった」という受講生の感想を読みながら，ソーシャルワーカーにとって必要な自己覚知とは何か？　ということを考えさせられた。このマイプラン作成の過程において，受講生は自分自身の価値観や思考と深く向き合うことになるのだが，いかに自己覚知的なもの＝つまり "ワタシ" という「芯」を確認する作業が，日々の仕事の中でなおざりにされているかということに気付かされた。

　福祉の基本は「人が人を支える」ということだと思うが，私たち専門職はいつの間にか自分もただの人であることを置き去りにし，はなから専門職であろうとしていないだろうか。「住民や利用者には情けなくて嫌いな自分と向き合うことを求め，自分は自分と向き合わないでいる」という受講生の気付きは，専門職である私たちすべてにとっての重要な気付きではないだろうか。

　支援者である私たち自身も「自分に向き合う」ことから始めなれば，対等な

支援などありえない。ソーシャルワーカーにとって根っことなるべきは，「人」としての自分自身であり"ワタシ"である。そんなことを「自己覚知」という言葉では言いつくせない実体験を伴って理解することにつながる場だったのでは，と思う。

114日のストーリーとこれから

京都のこの実践は1回目を8月からスタートさせ，10月，11月の3回講座としていたため，回数的には岡山の「無理しない」地域づくりの学校の半分しかなく，マイプランを深めるという意味では時間不足であることは否めなかった。その代わりに1回の講座をいかに濃密な時間にするかということにずいぶん私たちも頭を悩ませていた。

とある受講生が最終回でこんな発言をしてくれた。「8月～11月の最終回まで約4か月，ずっとこの講座のことが頭の片隅にあった。たった3回の講座なのではなく，114日間の講座だったと思う」と。

それは私たちも同じ思いだった。みんなで作ったこの場には，それぞれに悩み揺れ続けた114日間のストーリーがあり，これから始まる本当のチャレンジのスタート地点がある（**写真8-1**）。

114日間のストーリーを経てつくられた「マイプラン」は，この先もずっと受講生一人ひとりの中で残り続けるのではないかと思う。そのプランの実現が明日始まっても，1年後始まっても，5年後になってもいいと今は思う。この場で経験したことや場の雰囲気や肌感覚が体に残り続け，いつかちょっとの勇気ときっかけを得て，府内で芽を出すことにつながれば成功なのだ。

そういう長い目で見た本当の「人材育成」を，私たちはこれからもチャレンジしていきたい。そして生まれた芽を全力で支えていきたいと思う。私たち自身も今，そんなスタートラインに立っている。

第8章　はじめの半歩を支える　159

写真 8-1　最終日，受講生と

〔コラム2〕

「無理しない」地域づくりの学校ってどんなとこ？

「無理しない」地域づくりの学校って，どんなところなのだろうか。実際に，第2期を受講した社会福祉協議会（以下，社協）職員である，上田さん（新見市社協），水野さん（倉敷市社協），近藤さん（岡山市社協）の3名に率直に聞いてみた（聞き手　西村用務員）。

――まず，本学校の校長，教頭は，どんな人なのか。まずは，竹端校長からどうぞ。

（水野）　大学の先生というイメージが崩れた。同じ目線で話してくれる。飲み会でも，いつの間にか肩を組まれたり，あだ名をつけられたりが新鮮だった。色々と意見を言われるけど，それが否定に聞こえないので，こちらもあまり落ち込むことなく考えることができた。

（上田）　面白い先生。考えを深めてくれる。一番印象に残っているのが，最初の研修で，「この会議どう？　楽しい？」と聞かれて，「楽しい」と言ったら「何が楽しい？」と聞かれて，考えさせられたこと。そういう感じで，自分が思っていない方向から聞かれる。

（近藤）　第1期で初めて聴講したとき，社協に入りたてで福祉のことは何もわからないまま話を聞いても，「ああ，そうだよね」ってめっちゃ自分がうなずいていたのを覚えている。「いいね」のボタンをいっぱい押した。そのときには，自分を出すなんてことは考えてなくて，自分とは違うところで聞いていた。でも，今年度の社協職員基礎研修の後に，自分のしんどさを校長に話したとき，「また，そうやっていい子モードになってるんやろ」と言われたとき，はっとさせられた。そこから変わった。自分と本気で向かいあい始めたのはその瞬間かな。そこから第2期の受講につながった。

――「なんで」の竹端と呼ばれるくらい，「問い」がどんどんとんでくるよね。そして，よくみんなのこと見ているよね。いわゆる「大学教授」の佇まいじゃない。そこがいいよね。じゃあ，尾野教頭はどうですか？

（水野）　「否定しない」の話を聞いてこれが重要だと思った。悪いところばかり見ていても，話は前に進まない。尾野教頭は，とりあえず温かった。最初のプランであまり共感を得られず，ちょっと落ち込んでいたとき，その後の飲み会で，気持ちはわかる，限界例もいっぱいあるけど，成功例もあるから，そこを無視しちゃだめだよねと共感してもらって，それがうれしかった。他にも飲み会で色々と言われた言葉が大きい。

161

（上田）　本当に自然体。「無理をしない」を徹底して貫いている。私はついつい無理をしてしまうから。私にはない考えをたくさんもっている。たとえば，場作りにおいて「人寄せしない，いやいやしない，事業の波及効果を考えない」。そこにいる人を大切にしていて，その雰囲気づくりを味わう。それを体験し，その方が居心地がいいなって気づいた。いつもほめてもらい「これでいいのか」って思うなかで，以前より自分を出せるようになった。

（近藤）　実は，最初は見透かされているような気がして，ちょっと苦手だった。受講生になってみて，最初はがっつり添削される機会が意外となく，少し寂しかった。でも，マイプランに書く自分のキャッチフレーズに悩んでいるとき「まだ決まってないの？　そんなのわかりきってるでしょ？」って感じで，色々言ってくれた。そのとき，この人は「大丈夫」って思ってくれているんだなと感じた。「添削がない」というのも「思ったように行け」と背中を押してくれているのかなと思って，そこから楽になった。「YOU やっちゃいなよ」（尾野教頭が時々口にするフレーズ）って。その言葉をかけてもらえたら，足が一歩出る感じ。それは，すごいありがたい。

――あれはお決まりのフレーズだね。尾野さんは，本当背中押してくれるよね。用務員もかなり助けられました。今，話を聞いていて，自分を見つめる，「内省を促す」のが竹端校長で，「やっちゃいなよ」って行動を促すのが尾野教頭，そういうコンビだったんだなと改めて思った。みなさんにとってこの学校は，自分にとっては，どういう場でしたか？

（水野）　つながりが深まった。今まで地域に行くとき，上司にきちんとした理由の説明ができず困ることがあったけど，それを説明できるようになった。理屈じゃないけど関わりたいときに，それができるようになった。自信を持って出て行けるようになった。

（近藤）　一歩出る，とにかく動いてみるため，自分が変わりたいと思ったから受講していた。だから，最初はそれが仕事にどう直結するかは，うまく説明できなかった。けど，一つ確信してすごく安心したのは，自分が変わって，軸をもって，両足でしっかり立つことができたら，それは仕事につながることだ。自分らしく，無理せず地域に出ていくことができる。最初はそれがないまま，「社協職員」としての看板を背負って地域に出ていたから足がすくんでいた。自分がわからないまま出ていくとそうなるのかな。今は，私はこれでいいという，自分の軸ができた。どこで，自分が楽しいと思えるかがわかるようになった。

（上田）　自分の殻を破ることに，ずっともがいていた。「どうやったら自分らしくできるかなと」。でもうまくできなかった。私は，最初にマイプランのはじ

162　第Ⅱ部　私が変われば地域が変わる

めのシート（自分について書く部分）を書いたのが一番大きかった。あそこで，自分の想いを大切にしていくことができた。それが一番の課題だった。地域に出るときに，今までは準備周到にして出て行ったが，最近は「とりあえず行ってみよう」と，その場を楽しめるようになった。周りも自分と話しやすくなったのではないかと思う。本当に楽になったなと思う。

——自分の想いを大切にした方が，無理なく地域に出られるというのは，この学校らしい気づきだな，いいね。そうしていくことで，公私の境目みたいなものが，よい意味でなくなっていく気もするけど，このあたりはどうだろう？

（上田）　ここの学校では，公私混同は当然だ！みたいな感じだった。これまでは，公私混同はしちゃいけないって思ってきたけど，福祉の仕事は分けない方がいいのかと思えてきた。私の地域は顔が見えすぎることもあり，これまではプライベートを分けないとしんどかった。でも，マイプランの中で，場を持って公私混同を進めることで，新たにこういうこともしようという思いも出てきた。今までそんなことしたいとも思わなかったこともしたくなった。前向きな一歩が踏み出せたし，いろいろな機会をつくること

ができるようになったと思う。

（近藤）　プライベートでやっていることが，どこかで全部仕事に生きてくる。自分の積み上げてきたものが，仕事に生きてくるし，自分の持っている場がつながってくる。仕事を続けていくために，地域に入っていくために，ある程度プライベートの時間を持ってくることで自由になる。平日の職務としていくから聞ける話と，プライベートで行事に参加して，一緒に楽しんで，お酒ものんだりしてはじめて聞ける話があったりする。そこは，いい意味で公私混同，一緒でいいのかなと思う。

（上田）　私もこれまで，そうなりきれなかったけど，どっぷり入ってみたら楽だった。下手に片足突っ込んでいるからしんどかったのかな。

（水野）　僕は，小さいころから地域の行事に出たり，草刈りをしたり，地域との関わりがかなり強かった。元々プライベートと仕事との境があまりないのかな。

——そういう人にとっては，仲間づくりやプランづくりでのチャレンジに気づきがある。受ける人にとって，どこに重きをおくかはやはりそれぞれ。そういう奥行のある場になっている。気になる人は，まずは，聴講でもいいから来てほしい。変わっていく姿を見てほしいですね。

第Ⅲ部
地域の担い手育成の可能性

第**9**章

地域があって私がいて福祉がある──県社協としてできること

・ ・ ・

西村洋己

　尾野さんがしていた「まちづくり」の人づくり塾にあって，僕らの福祉の専門職の研修になかったもの，それは，「私」という存在だった。この「学校」の取り組みを通して，まちづくりの出発点は，「私」からということに気づかされた。地域福祉には，それが欠けていた。いや，あるのだけれど，隠れて小さくなっていた。そのことがまちづくりと福祉を隔てていた。それならば，「私」を大事にして，そこをつなげる場が，この「学校」のような取り組みがもっと必要じゃないだろうか。そもそも公私混同を良しとしない文化の中に，「私」という要素を入れることは，色々な反応がある。けれど，福祉の世界，社会福祉協議会（以下，社協）の世界が，「私」を切り離そうとしているがゆえに，見失っているものは多いと感じている。この章では，僕が「学校」を通して得た気づきをふまえて，県社協の職員としてできることは何かを書いていく。

1　場づくりを学びなおす日々

　「無理しない」地域づくりの学校（以下，「学校」）をはじめる前，「県社協の職員として，まだできることはある」と踏みとどまった僕は，とりあえず無我夢中で面白いことをやろう，面白い人とつながろうととにかく動いた。そのとき大事にしたのは，日常で面白いと思っている感覚を，仕事に持ち込むことだった。この頃から，自分の名刺に「日々のおもろい×福祉」というキャッチフレーズをいれるようになった。それは，本書の第**6**章の難波さんの題にある「公私混同」，第**7**章の森くんの題にある本音と同じことだ。とにかく自分が

166　第Ⅲ部　地域の担い手育成の可能性

面白いと思っているかどうか，それを大事にしてきた。それが大きなカギだった。

この「学校」で，尾野さんの各地での人づくり塾の実践をモデルに，そのスタイルを真似することからはじまった。これは，僕自身の場づくりのありかたを学び直すきっかけになった。たとえば，会場選び。尾野さんのルールの一つが，「コンクリート禁止」である。会場は，福祉センターなどの一般的に研修で使うコンクリート製の建物は使用しないこと。このルールは，僕の面白いことをしたいという想いを小さく実現するのに，最適なアドバイスだった。

僕は，バンドをしたり，絵を描いたりしていることもあり，社協職員の中では，まちづくり関係，アート関係にわりと知り合いがいたので街中の会場探しは悩むことはあれど，探すには困らなかった。この，場所を変えてみるというのは，企画で悩む職員におすすめの提案である。場所を変えるだけでいい。空気が変わるし，肩の力も抜ける。

最初は，お寺にはじまり，フリースペース，廃校，ゲストハウス等，転々とした。この会場選びの作業は，想いをこじらせた僕に小さいステップを刻ませてくれた。

事務的には，会場手配。されど，こういう小さい事務の積み重ねは，僕のこりをほぐしてくれていた。そして，ゆるやかに公私混同を進めてくれていた。公私混同は，世間ではあまり良い意味で用いられていないが，福祉の仕事において，それは私をもとに戻す大事なプロセスであった。

2 「用務員」としての私

事務局の「枠」をこえる

この講座は，「学校」と名付けたので，遊びで「校長」「教頭」の肩書きを作り，自分は「用務員」という位置付けで楽しんできた。この学校での「用務員」は，役割としては，「事務局」である。「用務員」とは，これまでの僕の社

協における事務局のあり方と大きな関係がある。

　事務局というのは，社協で働いている職員なら都道府県であれ，市町村であれほとんどの人が経験している仕事だと思う。理事会，評議員会など組織運営に関するものから，県単位だと，ホームヘルパー連絡協議会，老人福祉施設協議会など，「種別」と呼ばれる協議会などの会議や研修の調整を行う仕事である。市町村でも遺族会や老人クラブなどがある。何かを企画する際には，事務局は裏方に徹して，けして「前に出ない」ということがほとんどだろうし，おそらくそれが良い事務局とされてきたのだと思う。

　しかし，僕は以前から，とにかく，話し合い，学びの場をよくしたいと「仕掛け」をいれてきた。会議や研修の際にも，この場にかける事務局の考えや思いをかならず伝えてきた。かなり前にでる「私」を出す事務局だったと思う。

　地域福祉活動計画という住民を巻き込んだ地域の計画をつくる際，前に出ない事務局をよしとする市町村社協の職員にも，違和感があった。社協は黒子という言葉もある。だが，現場ではその言葉は「逃げ」として使われていると感じていた。もっと社協職員自身がどう思っているのかを話した方がいいと伝えても，「ここは住民のみなさんが主役だから」と言葉を濁す。もちろん事務局が思っている方向に持っていくのは，それはそれで面白くないし，押し付けになってしまうが，だからといって，自分の考えも示さずに，住民に任せっぱなしというのは丸投げだと思う。

　ただ，そういう場面に出合うことが続くなかで，だんだん「前に出過ぎる」事務局になっていた。でも主役はあくまでそこにいる人たちなので，僕が出るのではなく，そこにいる社協の人たちが声を出せるような働きかけが必要だった。用務員という位置付けは，この「前に出過ぎる」ことを良い具合に修正することができた。

用務員としてできたこと

　用務員である僕の一番の仕事は，受講生にとって，居心地の良い場をつくることだ。会場，ゲスト，懇親会の調整からワークシートの送付，個別面談の調

整など，色々な事務支援をしながらよい学びの場をつくること。ときには，講座以外の時間で，個別に喫茶店で会ったり，電話で悩みを聞いたりということもあった。ここの手を抜くと，学びの場の良い空気は生まれにくいし，かといって，手をかけすぎると，それはそれで窮屈なものになるので，加減が必要だ。正直，まだ2期目であり，十分なことができているとは思っていない。この2期でここはできたかなということを書いておく。

> （僕にできたこと）
> ・いいゲストを選ぶ
> ・いい会場を選ぶ
> ・いい飲み屋を選ぶ

　基本的にゲストは，あまり校長や教頭には相談せずに，自分の付き合いの中で決めていった。職能団体の会長だからとか，そうした立場で選ぶことは絶対しなかった。正直，計画的な決め方はできていないが，直感のようで，ある程度の要件はあった。

> ○どういう人を招いたか
> ・隙間を生きている人
> ・自分のことを一言で説明するのが難しい人
> ・異業種でも福祉との接点があること
> ○こういう人は，選ばなかったというと
> ・職能団体の役員だけを意欲的にやっている人
> ・制度の中で，わりとおさまっている人

　いままで本当にいいゲストばかりで，ゲストと塾生の出会いは色々と新しい場が生まれていて，そのことに驚くことが多い。たとえば，2期目のゲストの建築士の横田都志子さん。彼女がしている日限のバーのことを知った難波さんたちは，在学中から，日限の酒場「お勝手ふらふら」をはじめて，すでに名物になっている（本書第6章）。同じく，精神障害のある人の就労支援として地

第9章　地域があって私がいて福祉がある　169

ビール作りに取り組む2期目のゲストの岡山NPO法人マインド「こころ」の多田伸志さん。多田さんとの出会いから，僕らの乾杯アイテムは，真備竹林麦酒になった。こういう新たな発展は，用務員冥利につきる。

　ちなみに，こうしたゲストを選ぶためには，もちろん，まちの色々な面白い人を知っていた方がいい。そのためには，まちづくりの現場に色々と足を運んで，面識を持ち，知り合いになっておくとなおよい。社協の仕事だけの限られた出会いでは，あまり面白い講座にはできないと思う。「おもろい人」に普段からアンテナをはっているかどうか。こういったことは，大事だと思う。

　SNSを上手に活用することも大事である。竹端さんとの出会いもtwitterだった。まちづくりに関わる人は，大概Facebookをしているので，それでつながっておくと，ふだんの活動や，その他の意外な一面などもわかって，非常に便利である。僕の場合，欠かせないツールとなっている。ちなみに，詳しいノウハウについては，尾野さんの章に詳しいので，ぜひそこを参考にしてほしい。

僕の役割は，場をつくること

　この「学校」を開いたことで，自分は場づくりをすること，これが役割なのだと思えるようになった。個別の支援の経験がないことをずっと後ろめたく思っていた。ソーシャルワーカーと名乗るけれど，やはり自分にはその資格はないのではないか。現場をよく知らずに表面だけをみて，偉そうなことを言っているだけなのではないかと，いつも葛藤があった。一方で，その個別支援に従事している方への尊敬の念がこうした場をつくろうとした僕の原動力でもあった。この「学校」をはじめて，2期目を終え，ようやくここが自分の持ち場なのだと思えるようになった。

　第2期に聴講生としてずっと参加してくれた人が，場づくりは誰にでもできることじゃないと言ってくれた。よく考えたら，「個別支援の経験もないくせにえらそうなことを言うな」なんて，誰にも言われたことがない。自分で思い込んでいた。むしろ，僕ができないこと（個別支援）に取り組む人たちに尊敬を抱いていたのと同じように，色々な場づくりをしかける僕に対してそう思っ

てもらえているのだ。「そこはやるから，あなたは場づくりしてよ」，そういう関係なのだなと思えるようになった。これは，この「学校」だけでなく，僕の仕事のすべてに言えることである。そして，僕自身が，この仕事を肯定できたことで，社協についても，僕なりの考え方で肯定できるようになっていた。

　よい場を作るためには，こちらが力んでいてはだめで，力が抜けていた方がよい。元々，僕は抜けたところが良いところだと言われてきた。妻にも，間抜けが良さと言われる。しかし，仕事をはじめてからどうも肩の力が入りすぎて炎症を起こしていたらしい。そういう意味で，自分に起こった一番の変化は肩の力が抜けてもとに戻ってきたことだと思う。

　ただ，気に入らないことには突っ込まずにいられない，という一面も持ち合わせているので，すぐに肩に力が入る。いまだに，諭されることも多い。それはそれで自覚しながら付き合っていくつもりだ。

3　では社協はどうすればいいのか

社協の強みはたくさんある

　社協の魅力や強みは何なのか？　岡山で長くホームレス支援をしているNPO のある先輩は，「町内会長に会って話をすることはいち NPO にはすごく難しい。社協はそれが難なくできる。それが社協の最大の強みだと思う」と言っていた。僕も，この「社協という名前をだすだけで，地域の自治組織に顔がきくこと」，それこそが社協の最大の強みであり存在理由だと思う。それは，長い歴史の中で得た信頼からくるものである。

　また住民会費制度もある。社協は，一般の地域住民から会費を集めて，事業を行っている。たとえば一人1000円でも 1 万世帯集めると1000万円になる。これに加えて，赤い羽根共同募金なども社協の重要な事業費となっている。こうした寄付は近年，収入が減っていることが課題にあがっているとはいえ，まだまだ集まっている。つまり，長い歴史があり，地域の信頼があり，お金を集め

る仕組みもある。地域づくりを進めるうえでは，このうえない条件がそろっている。

　では，人はどうだろうか。人だってみんな魅力的である。でも，時代を経て，専門職としての期待が高まり，あるべき像を示されるなかで，元々あった思いを，「私」を出せなくなっているのではないだろうか。

社協で働くなかで感じていたこと

　「誰もが住み慣れた場所で安心して，いきいきとくらすことのできる社会を目指す」。多くの社協がこうした理念を掲げている。この理念自体は素晴らしい。でも，社協はここで掲げている理念に向かって仕事ができているのか，本当に社会の役に立っているのだろうか。

　きちんと成果をあげて，評価されている社協も存在する。しかし，やはり社協に対する評価は厳しい。たとえば，2013（平成25）年に厚生労働省で行われた社会保障審議会「生活困窮者の生活支援の在り方に関する特別部会」では，社協について下のような批判が寄せられていた。

・誰もが安心して暮らせるなかに，深刻な課題を抱える人が対象になっているのか。
・地域づくりが一般的で孤立や排除についての取り組みが弱いのではないか。
・日頃からつながりのある身近な関係者に偏り，他団体との連携・協働に熱心でない。
・出来ない理由を話し，人・モノ・金が揃わないと新たな課題に取り組もうとしないのではないか。

　一応，地域づくりを進める団体という認識はしてもらっているが，行っている事業が「限定的」であること，姿勢として「腰が重い」といった批判である。社協の理念を考えれば，当然，社会的な孤立の解消は目指すべき課題である。しかし，これまで個別の支援に十分に取り組んでこなかったことも事実である。僕も，社協は目指している社会に向けて，必要な課題の解決に向けたアプロー

チは弱いと感じている。「社会を変えよう」という気持ちで働いている人ばかりでもない。社協職員の多くが，社協が向き合っている課題を，本当に自分事としてとらえられていないと感じている。僕自身，最初は自分事に思えなかった。でも，色々な仕事に関わり，人に出会い，現場を見てきて，家族でも友人でもない隣人としての地域住民による助け合いや支え合い，それが地域で暮らしていくうえで，必要であることは十分感じている。

　僕自身も含めて，個別支援の機会が少なかったことが，誰を支えるまちづくりなのかがはっきりしない，助け合い，支え合いの必要性にピンとこない環境をつくっている一因でもあると思う。だから，個との出会いの場をつくることはやはり大事だし，社協が地域支援を進めるために，個別支援への取り組みは必要だと思う。

　でも，個別支援においても，「立場」にとらわれていると，それをこえる支援まではなかなかできない。やはり「立場」におさまってしまう限界に対してのアプローチが必要である。そこで大事なのは，あるべき像を押しつけることではなく，一人ひとりの「私」に焦点をあてることだと思う。

社協はもっと自由でいいのだ

　振り返ると，僕が最初に感じた社協に対する疑問は，専門職としての知識や技量，熱意といったことではなく，それよりも地域づくりを仕事としている人たちが，自分たちが進めようとしている助け合いや支え合いについて，地域の住民に向けて伝える時に，どうも自信なさげに話す人が多いと感じていたことだった。そういう場面で，大学の先生や県社協職員が話すという場が多いことも気になっていた。地域の人からすれば，地元の社協職員が思いを語ってくれた方がいいのではないかと思っていた。それができないのは，そもそも，本当に自分が進めたいことではない，関心があることではないからだと感じていた。もっと強く関心を持って，もっと堂々とした態度で住民に，地域に向き合わないとだめなのではとも感じていた。それに対して，最初は「こうあるべきだ」を押しつけてきたのだ。

第**9**章　地域があって私がいて福祉がある　173

でも，上手に堂々と話すことだけが良いわけではない。スピーチやプレゼン
が，決して上手でなくても気持ちが伝わる人がいる。そしてそういう人は，飾
らない言葉で，その人のままの言葉で話す。それがみんなの共感を生む。今の
社協は，地域の人を何とか説得したいと，あれこれ理論武装をしていないだろ
うか。

　2期生でもある社協の先輩も，「今までの研修では，自分というものを出す
ような研修なんてなかった。制度をどう理解して，それを地域でどう活用して
いくか，それで精一杯で，それすらできてなくて，といった内容ばかりだった。
自分はちょっと違うと思っても，そこを納得して落とし込んでやっていかない
といけないな，と感じていた」と言っていた。まさにそれが僕らだった。それ
がこの「学校」を受けて「自分の想いを大切にした方が地域に出やすくなった。
地域に出るのが楽になった」と言ってくれた。この「学校」を一番近くで見て
くれていた岡山県社会福祉協議会の先輩は，「何かはよくわからないけれど，
変化が起きている」と言ってくれた。あらためて「私」を大事にすることを，
もっと取り入れたら良いと感じている。

　地域福祉は，みんなの「こうしたい」が大事だと思うけれど，地域福祉はこ
ういう概念だ，だからこうあるべきだ，そんな考え方にひきずられて，住民の
人に伝える言葉も，自分の言葉になっていない。それは，おかしいし，そんな
地域づくりはつまらない。やはり，一度本音と向き合ってみることが必要だ。
そして，きっと社協はもっと自由でいいと僕は思っている。

4　地域福祉を考えると

地域があって，私がいて，福祉がある

竹端さん，尾野さんとこの本の第1章をまとめるなかで，地域福祉は，地
域×福祉という言葉を聞いたとき，さらにときほぐすと，地域×私×福祉にな
るのではないか。ふとそんな考えが浮かんだ。僕がキャッチフレーズとしてい

る「日々のおもろい×福祉」も，日々のおもろい＝地域×私と置き換えることができる。普段，自分が地域で暮らしながら面白いと思っていること，それを仕事と掛け合わせながら仕事をすること，地域福祉を自分の言葉で語ること，地域で暮らしながら福祉の仕事をする自分たちが，暮らしの中で，一人の住民として，地域福祉にどう関わっていくのか。

　私が，なぜ地域福祉が大事だと思っているのか。それを話せないのなら，なぜなのかをもっと考えていく場があっていい。本気になるためには，まずは本音で話せるようになることからだと思う。本当に心から地域福祉を進めたいと思えないのであれば，そこに「もやもや」を抱えているのであれば，日本全国どこからでもいいので，ぜひこの「学校」に遊びにきてほしい。そして，共感してくれたなら，あなたの町でこんな場づくりをしてみてほしい。特に地域福祉の担い手育成を役割とする全社協，都道府県社協は，それがしやすいのではないだろうか。ちなみに，この「学校」は，赤い羽根共同募金を財源に運営している。地域に還元するのに，こんな人づくり，場づくりもあっていいのではと思っている。

　社協をはじめ，地域福祉に関わるすべての人に伝えたいのは，「私を大事にしよう」「自分の言葉で話すことを大事にしよう」ということだ。専門職という立場をもちながら，いかに，ふだんの自分でいられるか。ふだんの私を離さずにいられるか。それが，私からはじまる地域づくりの第一歩である。

　この「学校」という「場づくり」を通してできた関係は何なのか。改めて思うのは，これは，会員組織ではない，社協のあり方じゃないかということだ。ここでできたつながりはそのまま，本気で，岡山の社会福祉を協議する会なのだ。つまり，新たに，血の通った社協をつくっている作業なのではないかなと思う。またこれは仕組みではない。よくある顔が見える関係でもない。単なる友人ではなく，岡山の社会福祉を面白くしていこうという同志の集まりである。

　尾野さんが「枠組みを作れば作るほど，カバーできない例外的なことばかり起きてくる。なので，それをなんとなく支えるように，ほどいていくのが大事だと思う」と言っていた。まさにそれだと思う。だから，「枠組み外し」の旅

第**9**章　地域があって私がいて福祉がある　175

人である竹端さんとの出会いは必然だった。立場が表に出たいわゆる福祉ネットワーク的なものとは違う、「私」が前に出た、個人のつながりをつくる。つまり、社協は、この地域の福祉を良くしたいという想いを持った僕とあなたの関係、つながりの集合体なのだ。個人の人間関係の結晶体ともいえる。そういうふうにとらえることもできるのではないだろうか。それは、何も新しい発想ではなく、むしろ、それが社協なのではないだろうか。

支援者たちを平和的にほぐす──おもろい学びの渦への旅先案内人

　この本を書くにあたって、竹端さん、尾野さんとのメールのやりとりをすべて見返してみた。そのとき、この「学校」をはじめる前に、その中で、自分の役割を竹端さんとやりとりしたメールにあった当時の自分の想いが目に止まった。そこには、自分について「すべきことで絡まっている支援者たちを平和的にほぐして、おもろい学びの渦に案内する旅先案内人」と書いてあった。学校をはじめる前に書いた言葉だが、今の自分の役割は、まさにそんな感じだなと思う。だいぶ肩の力が抜けてきた僕だけど、相変わらず「あるべき」を押しつける傾向のある僕もいる。それは、コンクリートの建物で研修をするとよく顔を出す。どちらも僕だから、それでいい。

　最後に、社協をはじめ、全国の、岡山の福祉を仕事としている友人たち、後輩たち、家族、そして、この「学校」の取り組みを暖かく見守っていただいている県社協の先輩・同僚たちに、感謝したい。今は、素直に言える。この12年、岡山県社協で働いてきて良かった。僕の県社協職員としての仕事、「私を大事にする場づくり」はまだまだこれからである。

第**10**章

地域福祉とまちづくりの接点──「無理しない」仕事の作り方

尾野寛明

　本章は，福祉には何も興味のなかった編著者の尾野が，中山間地域で様々な取り組みを重ねるうちに地域福祉の世界へ足を踏み入れていった記録である。東京で学生起業した若者が，島根の過疎地に本社移転し，そして障害者就労支援を手がけるまでの約15年を，振り返っていこうと思う。地域づくりを専門としてきた人間から見た，中山間地域の地域福祉の問題点と解決策を見てほしい。

1　古本屋が就労支援事業を手がけるまで

学生起業と東京時代

　私自身は埼玉県さいたま市出身，田舎のことなど全く知らずに育ってきた人間である。父親が島根県松江市出身なので，島根との関わりは「孫ターン」ということになる。いわゆるモーレツサラリーマンだった父親が高校3年のときに末期がんで亡くなり，その反動で大学入学と同時に起業を思い立ったのが2001年。

　最初のアイデアは大学の教科書リサイクル販売事業であった。先輩が不要となった教科書を安く譲り受け，新入生に半額で販売する。新学期の教科書シーズンにワゴン車で大学に乗り付け，路上で買取販売を行った。ボコボコにぶつけた車，茶髪の風貌，怪しいことこの上なかったが，多いときには1時間に最大10万円売り上げることもあった。

　その後，仕入れた教科書が中古専門書として全国に売れることがわかり，ネ

ット通販の古本屋に特化。東京都文京区に会社を登記した。ネット通販もまだまだ黎明期ではあったが，全国から着払いで専門書の買取を行うサービスをいち早く開始した。今では気軽に取れる古物商許可も当時は難関とされ，20歳そこそこの若者が申請するのも珍しく，許可元の警察署でベテラン刑事に申請理由を詳細に聞かれるという得難い経験も良い思い出である。

　売上も次第に伸びてゆく。5年間で100名以上の学生が出入りするほどの勢いでもあったが，次第に学生団体としてのノリにも限界が訪れ，高額な家賃も運営を圧迫し，2006年頃には存続も危ぶまれる状況になっていった。

島根への移転

　そんな傍ら，大学は中退するつもりであったが，卒論がないという理由で所属した関満博氏（一橋大学名誉教授，地域産業論）のゼミにどっぷりはまることになる。このゼミで中小企業の二代目社長向けの私塾や，各地の産業振興職員向けの人材育成塾を通じて，徹底的に地域に寄り添う姿に衝撃を受けたのが，今の発想の原点だったかもしれない。

　そのまま大学院に奇跡的に進学し，関教授の研究室に所属。島根県の産業研究プロジェクト[(1)]で研究メンバーの一人として毎月島根に通っていた。その時調査先で出合ったのが川本町である。商店街再生の取り組みをヒアリングしていたところ，人口3500人の町で唯一の書店が2年前に撤退して「書店のない街」脱却を目指すプロジェクトが発足していることを知る。研究の一環で自身の古書店をここに移転させて実証実験をさせてくれないかと打診し，話はトントン拍子で進んでいった。初めて訪れたのが2006年7月で，その3か月後の10月には営業開始というスピード移転であった。

　ネット通販なので場所を問わない。専門書は特に回転の遅い商品であり，保管費用がかからないほど有利になってくる。過疎地ということもあり，家賃は東京の100分の1というタダ同然の価格。過疎地のデメリットを逆手に取り，固定費が劇的に下がると，経営は瞬く間に改善した。全国から着払いで中古専門書を買い取り，お客さんの口座に振り込む「通販型買取」をいち早く強化し

たのも追い風となり，事業規模を拡大していった。

地元社会福祉法人から実習の受け入れ

　福祉にはなんの関わりもなかったのだが，地元の社会福祉法人から実習という形で障害者就労実習の受け入れを始めることになった。当初はレジ打ちでもしていてくれればよいと思っていたのだが，そこで古本と障害者就労支援が非常にあっていることに気づいたのだった。

　着払いで大量に買い取った古本は，査定が終わると一冊一冊出品しなければならない。しかし，通販サイトの出品システムを上手く活用すると，バーコードを読み取れば全ての書籍情報を呼び出してくれる。出品価格は市場価格を弊社システムで自動的に判断するので承認するだけ。あとは書き込みや汚れなど本の状態を判断してコメントするのだが，これもマウスで選択するだけでほぼ終わる作業である。簡単なパソコン操作ができれば，誰にでも取り組みやすい仕事であった。

　発送作業も問題なかった。売れた本を倉庫にピックアップしに行くのだが，蔵書はジャンル分けせずに完全に仕入れた順で通し番号を付けて並べてある。プロの古本屋からすれば笑ってしまうような棚であるが，お客さんの入らない倉庫にそんなことは関係ない。なので，番号とタイトルを照合すれば誰でもピックアップが可能である。納品書を封入し宛名ラベルを貼り付け，パッキングすれば梱包完了。厚さと重量で運送会社が違うので，その選別もまた良い仕事となる。

　一般的なこうした作業は流れ作業であることが多いが，出品にしても発送作業にしても，一冊一冊の本と格闘していればよい。他の作業者を気にすることなく自分のペースで仕事ができるというメリットがあったのだ。そんなわけで買取や出品，蔵書管理，発送業務，電話応対など様々な場面が障害者就労支援となっていき，障害の程度に合わせて様々な仕事を作れることになった。気づけば2人，3人と正社員として採用するまでになっていた。

第10章　地域福祉とまちづくりの接点　179

補助金採択になり，障害者就労支援スタート

　それが関係者の目に止まり，緊急雇用創出事業に応募してはとの助言をもらう。2008年に勃発したリーマンショックを受けた国家的対策の一環であったが，その重点事業の一つに「中山間地域で障害者雇用を拡大する事業」というのがあり，手を上げることになった。8名を新規雇用し，年間助成額2000万円。3か年で6000万円。当時27歳の若者がそんな事業を受託して良いのか疑問ではあったが，前へ進めていった。

　地元社会福祉法人の助言を求めたところ「この事業モデルならば就労継続支援A型を実現できるだろうから，その旨を盛り込んだほうが良い」とアドバイスを受け，よくわからぬまま「事業終了後は就労継続支援A型事業所を設立する」と記載してしまい，それがどれだけ大変なことかを知らずに助成金採択となった。県内の中山間地域でモデル展開があるとさらに見栄えがいいよというアドバイスで，本社の川本町および，展開先として産業研究で関わりの深かった雲南市を選び，2か所で障害者雇用を展開していった（**図10-1**）。

　川本本社で健常者8名，障害者雇用4名，雲南事業所で健常者1名，障害者雇用4名。合わせて17名をマネジメントするという大変な状況であったが，27歳で6000万円を手に入れ人生の勝ち組と勘違いしていた尾野少年は，その後に待ち構える苦難に気づいていなかった。

逃げられない，進むのみ

　改めて解説しようと思うが，障害者就労支援には，「就労移行支援事業所」「就労継続支援A型事業所」「就労継続支援B型事業所」の3つがある。原則2年で一般企業への就職を後押しする就労移行支援に対して，年数の制限なく就労支援を行うのが就労継続支援である。非雇用形で比較的重度の障害を持った人が通うB型に対し，最低賃金以上を支払って正規雇用するのがA型である。国からの補助は幾分かあるものの，様々な仕事を受託して自主財源を獲得しなければならず，都市部での運営事例が多い。大規模社会福祉法人の一環で

図10-1 営業拠点の配置図

運営するならまだしも，過疎地で単独でA型を運営するのは前代未聞とされる。

　管理者も募集し，福祉施設の設置基準に該当させるための設備改修もせねばならない。設立は困難を極めた。雲南市の隣，出雲市にある就労支援事業所の協力を得て同法人の出張所として仮オープンまでこぎつけたものの，これ以上すすめるには，資金の借入が必要となる。時間稼ぎをしつつ，そのまま逃げることも選択肢に入れていた。雇用は守ったし，そのまま同法人に引き取ってもらって手を引いても良いのではないか。緊急雇用事業の実質窓口となっていた県の障害福祉課の担当者も異動になるし，そうしたらうやむやになるはずだと読んだ。

　しかし，新しい担当者にもしっかり引き継がれていた。もうこれは逃げられ

ないと覚悟を決め、借金もして、2014年5月、就労継続支援A型事業所として正式認可された。島根県雲南市に子会社を登記し、就労支援事業所エコカレッジがオープンした。川本本社でもいずれ設立する構想ではあったが、同じ障害者雇用をしていても、関係機関の対応はまるで違うものであった。あれがダメ、これがダメとマイナス点ばかり突かれる川本町周辺に対し、一人でも多くの障害者雇用を、と腐心して、様々な支援を考えてくれる雲南市。雲南市からは地域の仕事も、あれやらないか、これやらないかと様々な声がけをしてもらった。

2 古本屋から「地域の担い手」へ

田舎でも利用ニーズがあった

　事業所では1日5〜7時間、それぞれの特性に応じて作業をしてもらう。精神、身体、知的、難病など様々な症状を抱えた人が通い、専門の職員がサポートをしながら働ける環境づくりも行っていく。通ってくる人は、雇用契約を結んでいるので「正社員」でもあり、障害福祉サービスを利用している「利用者」でもあるという立場になる。難しい対応でもあるが、雇用の少ない中山間地域における新しい形の働き場作りとして面白さもあると思っている。ここでは便宜上、利用者という表現を使うことにする。

　現在、島根県雲南市の事業所では利用者24名＋職員5名、後に紹介する岡山県井原市の事業所では利用者8名＋職員3名で運営をしている。当初は「田舎すぎてこんな場所で就労希望などあるのか」という心配もあったが、「親元で暮らして働きたい」というニーズをつかみ、利用者は増えてきた。各事業所・出張所とも独特の立地であり、棚田のど真ん中に立地するミシン工場の跡地、ローカル線の駅舎、旧市街地の書店跡地、幼稚園跡地などを活用している。どれも環境は非常によく、これまでどの作業所でも受け入れが難しかった人がなぜか心穏やかに働き始めるなど様々な現象も起き始める。

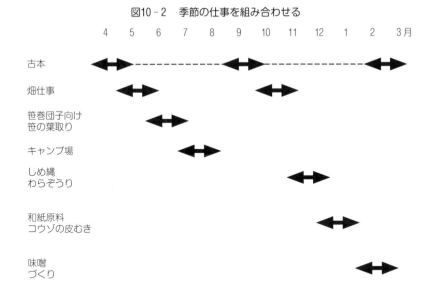

図10-2 季節の仕事を組み合わせる

気づけば地域の仕事が増えていく

今では古本業務の比率も下がりつつあり，地域資源の活用や耕作放棄地再生，地域の伝統文化の継承などを通じて障害者が働ける場作りがメインとなってきた。全体の比率としては，古本業務が4割，その他の業務が6割といったところであろうか。季節ごとに仕事と組み合わせている（図10-2）。

地域の新しい担い手に

こうした仕事はかつて農家が片手間で担い，貴重な現金収入となっていた。または，JAや自治会などの単位で加工グループが結成され取り組んできたものも多い。まずは，笹の葉取りの作業について取り上げてみよう。

梅雨の季節になると山肌には笹の葉が急に生い茂る。こうした時期に育つ若い笹の葉は，柔らかくて香りもよく，笹巻団子に使われる。笹巻団子自体は，地域の伝統食として今でも好んで作られているのだが，人々が山に入らなくなったこともあり，葉の調達が難しくなってきている。

第10章　地域福祉とまちづくりの接点　183

最初のきっかけは，地元の第三セクターで様々な食品加工と新商品開発を手がける「吉田ふるさと村」からの依頼であった。卵かけご飯専用しょう油を大ヒットさせた有名企業でもある。といっても仕事の依頼などという堅苦しいものではなく，たまにはお茶でも飲みに来なさい，と呼ばれただけである。世間話をしているうちに，季節労働の担い手確保に苦心している話になった。

　聞いてみると，1年の中で何回か，猫の手も借りたいくらいの忙しさになる時があるという。これまではシルバー人材センターや，周辺で手の空いていそうな人に声をかけていたが，最近は確保もままならない。退職後も地域の自治や集落営農の担い手として地元で確保されてしまう。高齢化で手の空いている人も，だんだん動けなくなってきているという。

　ちょうど古本だけでは業務量が足りなくなってきており，他の仕事はないかと思案している最中であり，とりあえずわが社の利用者を働かせてほしいと申し出た。同社は私が大学院生で地域研究をしていた時代からお世話になっていた存在でもあり，報酬の交渉も一切しなかった。社内の福祉の専門スタッフからは文句も言われたが，この適当さが良かったのかもしれない。

　まずは笹の葉を一緒に取りに行ってみることになった。斜面地，平坦地などを案内され採集してみたが，同行した福祉スタッフから，危険と判断されなかなか進まない。最後に連れて行かれたのが，林業の作業道を何キロも下りながら採集するルートである。危険もないし下りは精神的に楽なので誰も嫌がらない。そんなに歩いて構わないの？　と先方も驚いていたが，こうして初の古本以外の仕事が生まれたのであった。収穫した後は，布巾で磨き上げる作業だ。これはお手の物である。

　この一連のやりとりで気づいたのが，福祉であっても，福祉の殻に閉じこもらずに，できる限り相手の困りごとに応えるべく，試行錯誤を重ねることが大事なのだということであった。斜面は当然のことながら怪我のリスクがあるため福祉作業所としては許可できない。平坦地でも，葉が生い茂っていると支援員の目が行き届かないから好ましくない。それなら，あれはどうだ，これはどうだと，しぶとくアイデアを出し合う。こっちだって仕事はほしいし，相手に

しても担い手不足を解消したい。方向性を失いかけていた過疎地の古本屋が，本当に取り組むべき方向性が固まる転換点となった仕事でもある。

「吉田ふるさと村」からは，原木しいたけの収穫作業も良い作業として受託している。同社で人気のしいたけであるが，雨が降ると一気に生えるため，人員の確保がままならない。天気が下り坂になると「準備しておいて」と連絡がきて，そこから準備を始める。そんな良い関係性が構築されている。また，3ヘクタールにも及ぶ，耕作放棄地再生事業の手伝いなども手がけている。普段は専属の農業オペレーターが先方で1名従事しているが，農繁期における手伝いで積極的に参加をさせてもらっている。

情けではなく，本当に喜ばれる仕事を

雲南市には伝統和紙の「斐伊川和紙」の生産が現代にも受け継がれている。その原料として楮の木の繊維が重要な素材となる。

かつては地元の人々が冬の貴重な現金収入として手がけていたが，繊維には独特の匂いもあり，一部には「底辺の仕事」という偏見もあるようだ。高齢化も追い打ちをかけ，まだやっているのと思われるのは嫌だと手放す人が増えてしまったという。そんな中，依頼を受けることとなった。この仕事の良さは，施設内・施設外の仕事，どちらでも作り出せるという点にあった。利用者の特性により，積極的に外へ行きたいという人もいれば，身体や病気などの事情で施設内での作業を好む人もいる。

そして何より，「自分たちが地域の伝統産業を支えている」という誇りを持てる仕事であることが大きい。彼らもこのあたりは非常に敏感で，自分たちのために「情け」で分け与えてもらっているような仕事というのはすぐに分かってしまうらしい。

近年は，順次面積を縮小してきたコウゾ畑の再生にも取り組んでおり，実に良い関係性が構築されている。打ち合わせに行けば，90歳になるおばあちゃんがもてなしてくれる。出雲の文化で，お茶請けに漬物をいただくのだが，あれもこれもと出してくれるので事前の食事は抜いて赴かねばならない。それも含

めて全力で楽しむ先に，本当の楽しい仕事が生まれてくるのだと思う。

「やめたい」を引き継ぐ

味噌加工は，JA雲南の女性部が伝統的に手がけてきた事業であった。毎冬10トン以上が仕込まれて周辺のスーパーや道の駅で売られる人気商品なのだが，高齢化で2015年頃から「やめたい」との声が強まっていた。しかし急にやめるわけにもいかず段階的廃止を模索していたところに，わが社に打診が来た。

3〜4名で大豆の煮出し，つぶし，米麹の仕込み，混ぜ込み，桶への打ち込みと，分担しながら進めていく。桶への打ち込みは固く詰めるコツがあるようでまだ習得中だが，ほぼすべての作業を担えるようになった（**写真10-1**）。コウジカビが順調に発生しているのを見てみんなで大騒ぎしているが，発酵食品を作るというのは人間の五感を刺激してとても良いようだ。季節の変わり目で体調を崩す利用者も多かったのだが，この仕事を始めてから極端に欠勤率が減った人が現れたり，集中力の欠如で対応に苦慮していた利用者が黙々と作業に打ち込み始めたりなど，思わぬ効果も現れてきている。

作り手は減っているが，今でも地域の食文化として根強い人気であり，需要はある。福祉の力で，そうした仕事を引き継ぐことができるならば，そこには大きな可能性があると思っている。

3　どうやって仕事を生み出すのか1：地域自治の一員として

ではなぜ，そんな仕事が作れるのか。現場の職員に仕事を取ってこいと号令をかけるのは簡単だが，営業して回るのも大変である。そうでなくても福祉職員は忙しい。支援計画づくり，関係機関との会議，利用者との相談業務，施設外就労への同行，請求業務……。支援だけでも一日が終わってしまう業務量なのが普通だ。その上で，さらに忙しく動き回れというのは無理な話である。

そういう意味では，人件費ゼロで営業マンを1名抱えているようなものであり，有利なのかもしれない。尾野自身が古本販売の別社で給料を取っており，

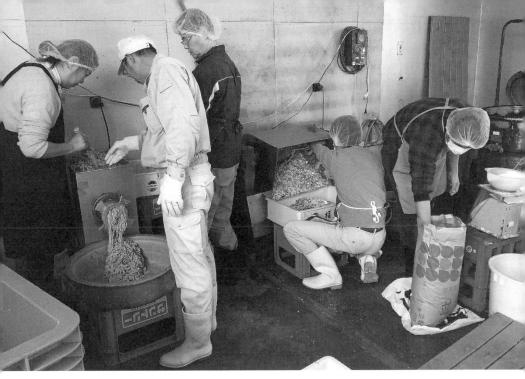

写真10-1　味噌加工の風景

　就労支援部門では無報酬で動いている。この人件費を就労支援部門にて単独で抱えようと思ったら，運営は立ちゆかないかもしれない。

　しかし，そうした特殊な要因を取り除いても，仕事を生み出していくのは誰でもできると思っている。無理に長時間働き続ける必要もなく，少し考え方を変えるだけで状況はすぐに変わると思っている。本章では2つの観点から解説しようと思う。一つ目は，福祉のことだけにとらわれず，地域自治の一員として大局的に物事を考える，という点である。

雲南市の地域自主組織

　雲南市は住民が自ら地域の課題を図る「地域自主組織[(2)]」で有名であり，住民自治の発達した地域として全国から視察が訪れる場所である。旧6町村が合併して2004（平成16）年に発足したが，旧町村単位ではなく，約30ある小学校区単位に再編成し，住民自治の拠点を設置していった。公民館を廃止して「交流

センター」と位置づけ，住民主体で自ら考えていく「地域自主組織」を設置した。地域に精通した事務員が勤務し，住民の総意で選出された会長のもと，地域課題をみんなで考え，必要な事業を自分たちの力で実施していく体制が作られている。

わが社と深い関わりのあるのは，この中で三刀屋地区，そして，久野地区である。具体的に地域自治の現場と協働して，どのような取り組みを行ってきたかを書いていこうと思う。

世代間交流施設「ほほ笑み」

雲南市三刀屋地区は，松江自動車道・三刀屋木次インターに近く，インター周辺の国道54号沿いは大規模店も多く出店する地域である。その一方で旧街道沿いの古い町並みは商業機能が衰退し，高齢化と空き家の増加に悩んでいる。車の運転が困難な人々も出てきており，いわゆる「買い物難民」の問題も顕在化しつつある。

こうした課題に対処すべく，2007年3月に地域自主組織「三刀屋地区まちづくり協議会」を結成し，この組織の各部会で地域課題対策，防災，防犯，福祉，生涯学習などの活動を行っている。

反面，限られた予算や人員の中で，急速に進んだ空き家，空き店舗，買い物弱者対策など，これらすべてを手掛けていくことは困難であり，模索の日々が続いていた。

「やらない？」「やるやる！」

そうした中，三刀屋地区の旧市街地にある旧・福庭書店（2004年に廃業）が，土地と店舗部分および築150年の本宅部分を地域の拠点として利用することを条件にまちづくり協議会へ寄付したいとの申し出を受けた。2014年秋のことであった。協議会としては地区の書店跡地というシンボル的な立地であり，まちづくりの拠点としてこの上ない条件であった。しかし，協議会として固定資産を保有するのは手続きが煩雑となるため，この申し出の受け入れ方法について

協議を重ねていた。

　2014年5月に就労支援事業所の認可を受けたばかりのわが社ではあったが，事業所が市内中心部から遠いことから利用者の送迎に支障をきたしており，中心部に出張所がないかと用地を探していたところであった。そんな折に市役所経由で福庭書店の経緯を聞き，三刀屋まちづくり協議会と話し合いの場を持つことになった。そう表現すればかっこいいものであるが，実際は市役所の地域自主組織担当者から「土地建物を引き受けるのが条件だけど，やらない？」とそそのかされ，「やるやる！」と直感で返事したというのが最初の話である。

　こうして，同書店跡地をわが社が無償で譲り受けることとなった。基本的には地域自主組織が思い描いたまちづくりの場所であるから，土地建物の用途に関してはまちづくり協議会と一緒に決めていくという協定を結んだ。これは地域自主組織と運命共同体として仕事をしていくという約束事でもある。2015年1月に覚書を締結し，まちづくりの拠点準備に向けて動きが加速した。

訪問看護も含め3社で共同運営

　同じタイミングで市内の中間支援NPO「おっちラボ」が訪問看護事業の設立準備中であり，事業所の本拠地を同拠点へ設置することとなった。二者での運営よりは三者の運営の方が心強い。私自身が当時は同NPOの副理事長も務めていたことから入居はスムーズに進み，地域自主組織，障害者就労支援，訪問看護の三者が共同運営する地域の拠点となった。住民組織と民間企業の協働事例としても先進的とされ，さらにそこに中間支援NPOも携わって運営協議会を結成するという，各方面から注目される取り組みとなった。

　愛称は住民から公募した結果，元オーナー夫婦の人柄をよく表す「ほほ笑み」が最多得票となり，「みとや世代間交流施設『ほほ笑み』」の名称が決定した。2015年6月に「ほほ笑み」の仮オープン，7月には「訪問看護ステーション・コミケア」も事業開始となった。訪問看護事業については，第4章の「幸雲南塾」に携わった人々による設立の経緯，そしてその後の広がりも合わせて参考にされたい。

第10章　地域福祉とまちづくりの接点　189

３つの主要事業「交流・健康・書店再生」

　同施設の１階部分に就労支援事業所が設置され，わが社の出張所として利用者７〜８名と職員２名が常駐している。２階部分が訪問看護ステーションであり，看護師・理学療法士合わせて10名が常駐する。

　１階正面の旧店舗部分は共用のホールとなっており，毎週水曜日午前に地域自主組織が主催する高齢者サロンが運営されている。お茶とお菓子がついて参加費200円。車の運転が困難な人や独居の人も増えており，地区住民の毎週の楽しみの場となっている（**写真10-2**）。弊社の利用者もこの日は仕事の手を休め，お茶飲みと高齢者の会話を楽しんで盛り上げに一役買っている。月１回は訪問看護ステーションによる健康講座も開催され，これも人気企画となっている。気軽に立ち寄れて，近くに看護師がいるというのも安心と感じられるようだ。

　ある看護師が「落語が好き」という話をしたのだが，地域の方々に「落語が得意」と間違って伝わり，NPOおっちラボの面々が「是非聞きたい」と盛り立て，とうとう看護師がサロンの場で落語を披露するなんてこともあった。みんな全力でこの交流施設で生まれる動きを楽しんでいる。

　本来なら，健康講座の実施協力にはそれなりの費用が発生してしまう。こればかりは非常に申し訳ないところではある。ただ，この場所にいることで，訪問看護も利用者の確保につながると思うので大目に見てもらっている。また，２階部分のオフィスは格安で提供しており，健康講座の参加も家賃と思って協力してもらっている現状である。

みんなの思いと困りごとを束ね，あとは無謀に決断

　このようにして，三刀屋地区の様々な新しい活動がこの場で生まれてきた。共用スペースは午前にサロン，午後は就労支援の作業場，訪問看護の会議，夕方は中高生の居場所づくりと学習支援の取り組みを試験的に行っている。さらに夜は島根大学生の活動拠点にもなりつつあり，ごくまれに全てが１日に集中

写真10-2　年末のサロンはクリスマス会で盛り上がった

すると，5回転活用されていることになる。

　一方で，片隅の古本は売れないし，売る気もない。ただのインテリアとなっているが，利用者の良い仕事にはなっているし，それで良いと思っている。

　なぜ私のようなヨソモノがそこまで信頼してもらえたのか真相はまだ分からない。私は基本的に逆張り（みんなが行く方向と逆に行く）をする人間である。地域の誰もが固定資産を所有するなどリスクでしかないと避けるのであれば，私は逆に積極的に所有することを選ぶ。誰か所有してほしいと募って手を上げた人間が私だけ，ということで仕方なく信用してもらっているだけなのかもしれない。

　元オーナーが，一族が絶えるので寄付したい。それを受けたまちづくり協議会は，みんなの居場所を作りたい。でも固定資産の所有ができない。行政としては特徴的な住民活動を作ってほしいと願っていた矢先であり，きっかけとな

ればと取り次いでくれた。NPO の若者たちも新しい動きがあるものの，事務
所になる空き物件がなく困っていた。わが社としても，就労支援事業の出張所
がほしいと思っていた。結論として，「はい，土地建物ください！」というこ
とにはなった。

　理詰めで積み上げれば，8 割方の論理的な理由が出てくる。しかし，本当に
土地建物の所有をしても良いのかという覚悟を決めるには，時間がかかった。
後の 2 割は無謀とも思える判断であったと思う。

創出された仕事の数々

「ほほ笑み」の運営を通じて実際に様々な仕事が作れた。具体的に振り返っ
てみると，古本コーナーでいえば陳列業務，おすすめ本のポップづくり業務，
貸本の貸出記録業務などがある。週 1 日のサロンでは，参加者として座ってい
るのも重要な業務である。地区の高齢者の話し相手になれれば素晴らしい仕事
だし，そうでなくても，サロンの参加者が毎回 5 ～ 6 名上積みできるのは運営
視点からするとありがたい話である。中庭では簡単な農作業ができるようにな
った。また，隣接する市有地を駐車場として格安で借り受けているが，この草
刈りやその他維持管理業務も重要な仕事だ。放っておいても市としては草刈り
などの管理コストを負担せねばならないし，用地提供によって自治活動の促進
につながることになる。

　その他には，まだ実現していないが，墓掃除とお供えの代行業務も要望とし
て強い。この三刀屋地区には，墓地は夫婦墓という風習があり，一つの墓に入
るのは一代限りとされている。15代続くような家もあり，そうすると15基の墓
を維持管理しなければならない。これもまた，利用者のよい仕事になるのでは
と思っている。

　また，現在の建物の拡張計画もある。建物の奥側にまだ未利用部分の建物が
あり，かなりの修繕が必要だが，この場所でゲストハウス運営ができないかと
思っている。そうすると清掃業務やシーツ類のクリーニング業務が利用者の新
たな仕事となる。雲南市には外から来た若者が気軽に泊まっていける場所がな

い。都市部との交流人口拡大のためにも必要なサービスであり，改修費用ができたらすぐに実現したいと思っている。

また，地区外で仕事をもらうときの信頼感も格段に違う。「三刀屋の『ほほ笑み』を運営している会社です」といえばすぐに理解してもらえる。

住民自治の一員として活動するというのは大変な作業でもある。関係ないような費用負担が生じることもよくあるし，つきあいで時間もとられる。しかし，それも含めて前向きに，面白く取り組むことで必ずメリットがある。冒頭の繰り返しになるが，福祉のことだけにとらわれず，地域自治の一員として大局的に物事を考えることで，様々な広がりがあるはずだ。

4 どうやって仕事を生み出すのか2：担い手という視点

いろいろな仕事を作り出せている2つ目の要因，それは担い手不足の解消という視点で仕事作りをしているからだと思っている。各地で「地域づくり塾」を運営する中で，地域の担い手不足の深刻さに気づいていき，発想が変わった。ただ仕事を提供して働く場所があって良かったね，という福祉作業所にはすべきでない。そう思うようになった経緯を書いていきたいと思う。

塾運営で見えてきた担い手不足

雲南市では，2011年から「幸雲南塾」の運営に携わっていた（第4章）。そこで6年かけて80名以上のネットワークを構築し，様々な活動分野の若者たちを介して，活用できそうなあらゆる地域資源の情報を知ることができた。しかし，それ以上に，これだけの資源が未活用で放置される担い手不足を，福祉の力でも解決せねばならないと思うようになった。

2か所目の就労支援事業所となる「エコカレッジ井笠」が岡山県井原市に2016年7月からスタートしたが，この周辺地域で運営していたのが，井笠広域観光協会主催の地域づくり塾「井笠田舎カレッジ」であった。

2013年の開講からすでに4期目となり，50名近くの卒業生を輩出してきた。

第10章　地域福祉とまちづくりの接点　193

そして，私自身が塾長として4年以上毎月のように岡山県井笠地域を訪れ，先進的な地域づくりに取り組む現場を歩き回っていたということになる。やはり，そこで見えたのも担い手不足。これらの素晴らしい取り組みは10年後，20年後，どうなるのだろうか，せっかくの伝統技術や文化を（塾生を育てる以外の方法で）引き継いでいく方法はないのかと思った。

そして，地域関係者と「障害を持っている人に，これらの仕事を継承させられないだろうか」なんて会話をしていると，親身になって考えてくれて，様々なアイデアを出してくれた。その場で電話してくれることも。そのつながりを構築しているうちに，地域資源を活用した仕事を無理なく作り出していった。

塾運営と就労支援事業は一貫した取り組みになりつつある。

ただ仕事を作っていれば良いわけではない

これまでわが社でもたくさんの仕事を生み出してきたと思っている。ただ，働きがいのない仕事ばかり提供するのは，絶対に避けるべきだと考えている。

本章第2節の仕事づくりの事例でも少し触れたが，自分たちのために「情け」で分け与えてもらっているような仕事というのは利用者にすぐにわかってしまうらしい。機械で効率化が可能だが，社会貢献の一環でとりあえず出しておくか，といったようなケースはよく見る。利用者にああ，これは施設として国からの給付金を稼ぐための維持策なのね，自分は作業しているという姿を演じなければならないのね，まぁ仕方ないという気持ちにさせてしまうようだ。

すると，「在籍していても仕事がない，仕事が楽しくない」といった理由でせっかく通所したのにかえって精神を悪くしてしまい再び自宅に引きこもる，といった悪循環が起きることが少なくない。自己満足ではない，本当に人の役に立っていると思える仕事を提供し続けて，みんなに働きがいをもって通い続けてもらうにはどうしたら良いかと思案するようになった。

その時ふと思い出したのが，地域の深刻な担い手不足である。そして得た着想が，過疎地でも障害を持っていても「地域の担い手」となって人手不足を支え，文化や技術を継承する役割を担っていく場を作るという考えであった。地

域の深刻な担い手不足を逆手に取って，障害者の新しい働き場にしてしまおう。そして，地域を取り巻く様々な課題を主体的に解決していく福祉作業所になってしまおうと方針が定まっていった。

担い手継承という考え方

「担い手」ということに大きな関心を覚えるようになったのは，地域の中で「若手」と呼ばれる40〜50代の男性の相次ぐ自殺であった。高齢化を迎える中で各集落を見回すと半数以上が高齢者という地区がほとんど。そうした状況でもかつて皆が若くて元気だった時代の行事だけは全く集約されずに残っており，数少ない若者がそれを背負わされているのが当たり前の状況。真面目で責任感があって仕事もできて年長世代からの信頼も厚い，そんな人に限って手一杯の状況に危険信号すら出せずに悲劇的な結末を迎えるというのに各地で遭遇してきた。

これはそもそも若手の負担を軽減しろということではなく，地域の担い手は誰なのかという考え方を根本から見直さなければならない，と「風の人」なりに考え抜いたのが出発点であった。そこで始めたのが，各地の「地域づくり塾」である。起業がゴールではなく，自分なりに地域課題に取り組む若者を増やし，自分の空き時間で気軽に地域に携わる生き方をもっと広めようという考え方であった。

そしてさらに，ただの古本屋だったはずの自分の会社が，担い手不足の課題に取り組む存在へと変化していったのであった。

セオリーオブチェンジ

担い手不足の解消がなぜそんなに重要なテーマなのか，ということを改めて説明しておきたい。ここでは，優れた社会起業家が社会問題に風穴を開けて変革を創出していくプロセスを検証した「変化の法則（セオリーオブチェンジ）[3]」のフレームワークに当てはめて考えてみたいと思う。

このモデルで重視するのが，問題解決のためのレバレッジ（テコを入れる）

図10-3 負の循環と正の循環

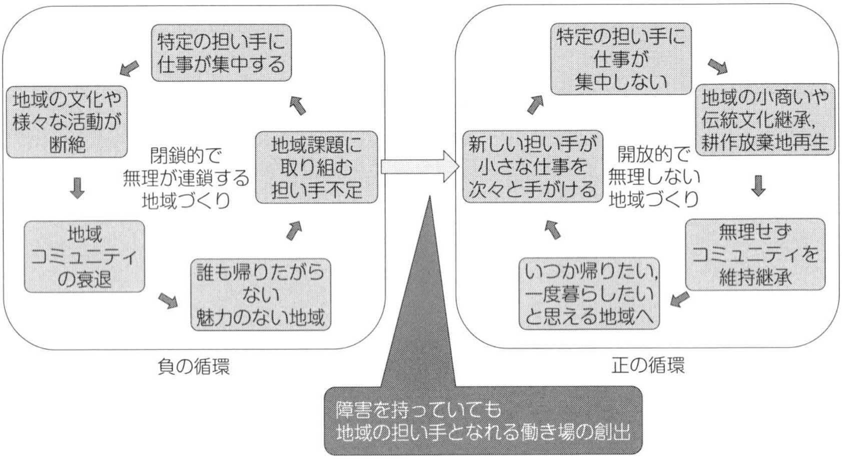

負の循環

- 特定の担い手に仕事が集中する
- 地域の文化や様々な活動が断絶
- 閉鎖的で無理が連鎖する地域づくり
- 地域課題に取り組む担い手不足
- 地域コミュニティの衰退
- 誰も帰りたがらない魅力のない地域

正の循環

- 特定の担い手に仕事が集中しない
- 地域の小商いや伝統文化継承，耕作放棄地再生
- 新しい担い手が小さな仕事を次々と手がける
- 開放的で無理しない地域づくり
- 無理せずコミュニティを維持継承
- いつか帰りたい，一度暮らしたいと思える地域へ

障害を持っていても地域の担い手となれる働き場の創出

出所：筆者作成。

ポイントはどこにあるのか，という点である。現状に起きている悪循環を説明し，自身の取り組みを通じて，そこを起点に，悪循環の世の中がどのように好循環になっていくかという点について説明するのがこのモデルである（**図10-3**）。図の左側が負の循環，右側が正の循環である。

担い手不足がもたらす負の循環は，仕事の押し付け合いとなり，そして，今実家に帰ったら大変なことになるから帰るのは待っておこうという判断になる。実際いつかは帰りたいけれども今は帰れないという若者は多い。実家に帰ると貧乏くじを引くから，市内には帰るが中心部のマンションや新興住宅地に住むという選択をする人もいる。みんなが不安であることで，さらに担い手不足を生んでいくという悪循環があると考えている。

そこに必要なのが，障害を持っていても，地域の伝統文化などを少しでも担える環境である。全ての担い手不足が解消するとは思えないが，少しでも押し付け合いが減れば，安心して戻ってこられる開放的な地域になるはずである。

そういう意味で，地域の一員として担い手不足の困りごとを福祉作業所の仕事にしていくことを地道に続けていくことが，地域の悪循環を断つレバレッジ

ポイントなのだと思っている。地域におけるコミュニティの衰退と担い手不足解決に向け，誰もが地域の「担い手」として主役になれる社会を創造できるのではないだろうか。

5　無理しない仕事の作り方

　ここまで，地域自治の一員という観点，そして担い手という2つの視点からわが社における仕事づくりの考え方について解説してきた。

　いま，日本の地域においては都市部，農村部を問わず，コミュニティの衰退が顕著となっている。これまで，地域の様々な人が「担い手」となり，お互いに支え合って農業や福祉，交通，教育，子育てなど多岐にわたる課題を乗り越えてきていたように思う。また，地域の文化やものづくりの技術も，こうした支え合いの中で維持されてきたものではないだろうか。

　しかし，少子高齢化や核家族化が進行する中，こうした支え合いを担う「担い手」が減少している。それにより，地域における様々な活動が停滞し，地域課題を解決していく力がなくなり，様々な文化や技術も伝承されなくなり，ひいてはコミュニティの衰退につながっているのではないかと考えている。

　反面，医療や福祉制度も発達し，障害を持っていてもある程度のサポートでそれなりの働き方ができる時代にもなっている。障害があっても地域の担い手として貢献したいと思う欲求が増えているのもまた，起こりつつある動きなのかなと思っている。

　こうした「担い手」の考えを持つことで，作れる仕事の幅が大きく広がった。人手不足で困っている話を聞いたら駆けつけ，地域全体の課題を一緒に考えて，福祉サイドとしてもできるおせっかいは実践していく。そんなやりとりをしているうちに，利用者の担える仕事が自然と増えていく。そんな循環が，私の考える無理しない仕事の作り方だと思っている。

　最後に，さらに突っ込んで，既存の発想と一体何が違うのか，という視点でまとめてみたい。

受け入れてから「助けて！」

　雲南市の事業所はお陰様で定員満員であり，岡山の事業所も着実に利用者が増えている。特別支援学校の卒業生も，まずは一般就労を目指すものの，やはりわが社のような A 型事業所への就職が現実的な選択肢でもあり，受け入れニーズは毎年増えている。無理に都市部へ出て働かなくても，地元で働きたい，親元で働きたいというニーズもある。

　まさか私が新卒採用をすることになるとは夢にも思わなかったが，2017（平成29）年４月には雲南市の事業所で新卒者を３名受け入れた。次年度も７名近くの受け入れ要請があり，定員を拡大してまで対応するかどうか，決断に迫られている。

　わが社もそんなに資金力もあるわけではないので，受け入れる前から仕事が用意されている，ということはまずない。受け入れる段階になって「仕事どうしよう」と悩み始めるのは，既存の作業所とほとんど同じである。

　違いといえば，受け入れてからひたすら周囲に助けを求める，というところだろうか。「仕事ない？」と突然電話をかけたり，アポなしで「お茶を飲みに来ました」なんて訪問してみたり，あの手この手でお願いに回るのである。答えになっていないかもしれないが，利用者を暇にさせないために，ぎりぎりまで助けを求め，段取りするところが違いなのかもしれない。

資金力の代わりに対応力で切り開く

　その点大規模法人などが羨ましい場合もある。国内の先進事例を見回してみると，経営力のある大規模福祉法人の動きも注目すべきものがある。福祉を地域ビジネスととらえ，大掛かりな投資や助成金の投入により障害者の働き場を作る優れた福祉法人も出現している。こうした法人は，戦略的な投資で大規模農場を作ったり，飲食を中心とした優れたサービス業を開業したりと，通年で働いていける働き場創出を行っている。働きがいのある職場づくりとしては，こうした動きも非常によいものだと思う。何より，大規模に働ける場が作れる

のは非常に羨ましい。

　それに対し，小さな事業所としてどう立ち位置を確立すべきか。設備投資する資金力はない。そうすると，地域の課題に正面から向き合って，共に解決する存在になるのが生き残る術なのだと思う。もちろん，利用者の精神・身体的状況を把握しながら，できそうな仕事を選別していく能力が第一ではある。そして，それに加えて地域自治の一員として，職員一人ひとりの対話力と課題解決力の向上を促し，小さな仕事を作り続けようと思っている。

３つの成果指標

　私自身，社会起業家と呼ばれるタイプの人間であり，事業を運営するにあたって地域における成果指標を非常に意識する人間である。これもまた独特かもしれない。島根県雲南市に就労継続支援 A 型事業所がなくて，その空白を埋めたのだからそれで十分ではないの？　地域福祉の一端を担うのが成果指標ではないの？　などとよく言われるが，私はそう思わない。地域の非営利型組織として成果指標の数値化が必要だと思っている。今の時点で具体的に，以下の３つの数値を意識している。

　まずは単純に「利用者受け入れの人数」である。これがすなわち過疎地における障害者の正規雇用の創出人数となる。地域に特別支援学校があっても卒業後に働く場所がなく，親元を離れて都市部で働くことを余儀なくされる，あるいは自宅にこもりっぱなしというケースも多く，たとえ過疎地でも安心して働ける場を整える必要がある。１事業所あたりまず20名体制を目指し，ニーズに合わせて40名まで拡大することも視野に入れている。

　次の指標として，「担い手不足解消の延べ人数」が挙げられる。受託作業の実施状況により，人数×日数で計算したところ，現在島根県雲南市の事業所で年間延べ2000名，岡山県井原市の事業所で年間延べ300名の担い手不足を解消している状況である。今後，地域のシルバー人材センターが同様の計算で年間どれくらいの担い手不足を解消しているのかを算出し，どれくらいになれば成果といえるのかを検証していく予定である。

第**10**章　地域福祉とまちづくりの接点

最後に，「耕作放棄地再生面積」も成果指標になるのではないかと考えている。現在，雲南市においては３ヘクタールの再生事業を担っており，毎年拡大している。農業さえやっていれば福祉作業所の新たな仕事になるという単純な構図には賛成しないが，一つの指標として数値化していきたいと思う。

福祉雇用という成果指標

　雇用の少ない中山間地域にとっては，正規雇用が増えていくこと自体が生み出す価値もあると思っている。私自身が地域産業を当初の専門分野としていたことからこういう考えになってしまうのだが，福祉という名目で雇用が地域で保たれるというのは，一つの重要な指標であると考えている。

　産業政策の考え方は，そこに人が住めるためには雇用が必要と考える。雇用が減るから人口が減るのであり，それをカバーするために雇用創出を図るべき，というのが基本的な姿勢である。[4] 地元の中小企業に様々な設備投資や技術革新を促して雇用拡大を図るのも仕事だし，大都市で高い人件費や家賃に悩む企業を地方に移転させる「企業誘致」も重要な施策である。

　しかし，誘致案件は格段に減っている。大型誘致案件が出れば自治体間の誘致合戦になることも多く，企業誘致施策がかつてほどの費用対効果を生まなくなってきていると感じている。環境に負荷をかけるような産業や迷惑施設を誘致してでも雇用を拡大しようと目先の成果に追われてしまうケースも見られる。

　こう考えると，雇用の少ない中山間地域で障害者雇用を拡大するのは，産業政策的に大きな効果があると思うのだ。

　一方，就労支援事業にしても，国からある程度の助成金をもらって運営をしている。それはそれで，助成金で障害者雇用ってどうなのという意見もあるし，将来的には助成金なしで全員が一般雇用になってほしいと思っている。

風の人として

　2006年に東京から島根に本社移転して以来，東京と島根を往復する二地域居住生活を過ごしてきた。結婚もして娘（４歳）も生まれたものの配偶者が田舎

嫌いのため，結婚後も引き続き往復生活を続けており，週の半分が東京，半分が島根という生活である。もう10年この生活を続けている。

　田舎にずっと身をおかず，根を張らない暮らし方ということで，批判の対象となることもある。反面，「風の人」などと呼ばれて大事にしてもらうこともある。島根県を舞台に8名のそうした人物を取り上げた『地域ではたらく「風の人」という新しい選択(5)』にも重要人物（？）として，最後の8人目に取り上げられている。

　個人的には，若い世代の人がもっと気軽に都市と農村を往復して，地域で様々な取り組みを実践するようになってくれたらと思っており，意地で往復生活を続けている。当初はまだ珍しい目で見られていたが，東日本大震災は一つの転換点だったのかなとも思う。東京で働きながら週末に東北を行き来する社会人や学生が爆発的に増えたように感じている。

　そんな中，わが社の就労支援事業と季節労働の事例を説明していると，東京の丸の内におそらく1000万円以上の給料を取って働くエリート層に，そんな仕事うらやましい，私が利用者として働きたいなどと言われることも増えた。半分は冗談で言っていると思うが，それほど東京のエリートが猛烈なストレスに曝されているということなのかもしれない。

　風の人としては，地方だから，都市だからという論理に囚われず，こうした新たな可能性に常に目を向け，新たな地域福祉の境地を開拓したいと思っている。

注
(1) このプロジェクトで刊行されたのが関満博編『地方圏の産業振興と中山間地域
　　——希望の島根モデル・総合研究』（新評論，2007）。尾野も部分的に執筆してお
　　り，2006年のエコカレッジ島根移転の経緯にも触れられている。
(2) 地域自主組織に関しては，雲南市役所地域振興課が発行するリーフレット「地
　　域自主組織って何？〜自治会（集落）との違い」(2006) がわかりやすい。
(3) ビジネスモデルをもって起業するかどうかが全てではない。むしろ，社会の問
　　題に対して現場で検証したシステム変化をおこすような革新をもたらすアイデア

を持つ人，社会を変えるための法則，優れたセオリーオブチェンジを持っている存在だというのが，社会イノベーション派といわれる，アショカなど社会起業支援団体に多く見られる社会起業家への理解である（井上英之「SFC 研究所プロジェクト補助報告書　社会イノベーションの拡散に関する事例研究」）。

⑷　参考になる文献として，関満博・松永桂子編（2009）『中山間地域の「自立」と農商工連携』新評論，が詳しい。尾野自身も 2 章分の執筆に携わっている。

⑸　田中輝美・藤代裕之（2015）『地域ではたらく「風の人」という新しい選択』（ハーベスト出版）（第29回地方出版文化功労賞受賞作）。

第**11**章

「私」からはじまるコミュニティワーク
——自分事として地域にコミットする

竹端　寛

1　参加した社協職員の変容プロセス

自分と向き合う怖さ

　岡山で2015年からスタートした「無理しない」地域づくりの学校（以下，「学校」）。このコンセプトは京都にも伝播して，2016年からは京都府社会福祉協議会（以下，社協）の研修にも取り入れられた（名称は，コミュニティワーカー実践研究会。その経緯は第**8**章に詳しい）。この研修に参加した10名の社協職員から，研修後に寄せられた感想文を読んでいると，地域福祉に携わる現場職員が抱えている苦悩や，あるいはこの研修にどんな意味や価値があったかが見えてくる。これは，この「学校」の評価だけでなく，「我が事」としての地域づくりの課題でもある。

　以下では，そんな10名の半年間の変化のプロセスを巡る語りに耳を傾けてみたい。本節において，点線で四角く囲われた中の「　」で括られた部分が参加者10名の感想である[1]。

　自分と向き合う。言うは易く行うは難し，の代表格のような言葉である。

> **自分と向き合う怖さ**
> 「『自分に向き合う事』『自分の思いを言語化すること』どちらも私の苦手とする

ことで，今まで避けてきたことでもありました。自分と向き合うことで，何もできていない自分に出会うことが怖くて，仕事でも，『私がどうしたいか』ではなく『こうしないといけない。今までのこうしてきた流れがあるから同じようにしておこう』と疑問を抱くことなく過ごし，無難に仕事をしてきたと思います。」

「誰でも自分と向き合うのは怖い。ましてや変わろうなど，気の遠くなる努力と根性が必要である。だから，ほとんどの人が自分と向き合うことも変わる必要も自覚しないのだと思う。自分と向き合うことは，時に自分を殺しかねない。」

「だんだん過去に理由をつけて（言いわけして），モヤモヤとした自分への気持ちに積極的に向き合おうとはしてきませんでした。」

「何もできないと決めつけて100％自分に向き合わずにどこかで線を引いて業務に取り組んでいました。」

「自分と輝いている人との違いは，自分にきちんと問いかけ，それを実行していくかどうかなのかなとも感じた。今まで自分が問いかけをしていなかったわけではないが，まだまだ自分と向き合えてなかったと思う。」

　「自分と向き合うことで，何もできていない自分に出会うことが怖」い。「気の遠くなる努力と根性が必要」だと思い込んでいる。だからこそ，「だんだん過去に理由をつけて（言いわけして）」「何もできないと決めつけて」「『こうしないといけない。今までのこうしてきた流れがあるから同じようにしておこう』と疑問を抱くことなく過ごし，無難に仕事をしてきた」のである。「自分にきちんと問いかけ」ると，「時に自分を殺しかねない」から，「どこかで線を引いて業務に取り組」み，「モヤモヤとした自分への気持ちに積極的に向き合おうとはしてきませんでした」という現状があるようだ。すると，自ずと仕事も煮詰まってくる。

業務として

「どうして自分が社協に入りたかったのかという原点も分からなくなって『やりたいからやる！』ではなく『やらされている』とさえ思ってしまっている時期で

もありました。」

「福祉の常識人間になりたくなかったのに実際は，こうやらないといけない。言われたからやる。などなりたくない自分になっていました。」

「これまで介護保険制度という大きな枠組みからは抜けることはできないと漠然と考えていたものですから，仕事が窮屈に感じていたのも事実でした。」

　「言われたからやる」「やらされている」という仕事では，モチベーションもパフォーマンスは下がる。「福祉の常識人間になりたくなかった」という思いや，「どうして自分が社協に入りたかったのかという原点」があったはずなのに，それも「分からなくなって」「仕事が窮屈に感じていた」部分が多くの受講者にあったようだ。

　だが，マイプランに代表されるように「私」を全面に出すこの研修は，受講者にとってもこれまでとは大きく異なった内容に映ったようだ。

社協職員の前に人間として

「福祉職の人は本音を言わず建前で行動することが多いと思いますが，そこからは平和はもたされますが，発展はないと感じています。」

「社協職員である前に人間である。人間が社協の仕事をしている。しかも人間を支え，ともに人生を培う仕事である。そんな仕事をする人間が，たとえどんな知識，技術，経験を持ち，仕事を遂行できたとしても，人間として，自分自身と向き合わず，都合の悪い自分の弱さにはフタをして，変わろうともしないのならば，そもそも社協職員としての資格はあるのだろうか。」

　「社協職員である」という「建前で行動する」。「そこからは平和はもたされますが，発展はない」というのは，現場で働く人間だからこそ，の率直な「本音」である。つまり，「人間が社協の仕事をしている」のだ。だが，ふだんは「建前」で動いていると，「人間として，自分自身と向き合わず，都合の悪い自分の弱さにはフタをして，変わろうともしない」。そこに「人間」としての「発展はない」ということに，この研修を通じて気づき始めた人々がいる。

第11章　「私」からはじまるコミュニティワーク　205

ともに気づき合うプロセス

　「人間として，自分自身と向き合」うことは，容易ではない。だが，受講者たちは，他人に強いられたわけでなく，この研修のプロセスの中で，困難な課題に取り組み始める。それは，自分自身との闘いそのものである。

> **自分自身との闘い**
> 「最終回までマイプランと向き合い，プランを練り直しました。その過程で，本当に闘うべきはマイプランではなく自分自身にあることに気付き，自分と向き合う作業が始まりました。初めは分からなかった自分と向き合う作業の意味が分かった瞬間からの自分自身との闘いは，本当にしんどい時間でした。」
> 「自身が変わるというのはこの研修を通して，やはり相当なエネルギーがいることだと感じた。今まで向き合うことを面倒くさがったり，どこか逃げていた自分に目を向けることができた。」
> 「一番感謝したいことは弱い部分や本音を語れたことです。うーん…違うな。本音を聞いてもらえたことかもしれません。」
> 「普段は忙しくじっくりと考えることができなかった部分を整理できた。」

　「普段は忙しくじっくりと考えることができなかった部分」とは，自分自身の「弱い部分や本音」と通じる部分である。「今まで向き合うことを面倒くさがったり，どこか逃げていた自分に目を向けること」は，「相当なエネルギーがいること」だし，「頭の中がしんどく悩むこともあった」し，人によっては「本当にしんどい時間」に感じられた。だが，「本当に闘うべきはマイプランではなく自分自身にあることに気付」くことの中で，また研修の場で「本音を聞いてもらえたこと」によって，少しずつ色々なものがほどけていく。

> **盲点に気づく**
> 「第1回目に先生がおっしゃった『自分事としてワクワクしているか』という言葉にハッとし，いつもどこか他人事のようになって『仕事だから』と自分で距離

206　第Ⅲ部　地域の担い手育成の可能性

を作っていたことに気づくことができました。」

「人のお話を真剣に伺うことは，かなり疲れることだと実感しました。反対に普段，自分はいかに人の話を聞いていないかもよくわかりました。」

「なぜ自分はこうしていきたいのであろう……なぜそれをしようと思ったのか……その部分を突っ込まれ自分で考える時間は楽しく，自分にそんな一面があったんだなと終わってからであるが再発見できたのは大きな収穫であった。」

「1回目を終えて，次のプランへどう進んでいけばいいのか……あの時は本当に悩んでいた自分がいた。全く先のプランが思いつかずという状況であった。その時にふと，ただただ宿題のためだけに参加しようとしている自分がいる気もして，それでは行っても意味がないと考えていた。」

　「いつもどこか他人事のようになって『仕事だから』と自分で距離を作っていたことに気づくこと」。これは，自分が「何をわかっていないか」に気づくことである。「普段，自分はいかに人の話を聞いていないか」「ただただ宿題のためだけに参加しようとしている自分がいる」という，自分自身の欠点や弱点など本質的なことが「わかる」ことは，まさに「自分自身と向き合う」ことそのものであり，「かなり疲れる」ことであった。だが，実際に向き合ってみると，必ずしも苦痛ではないようだ。「『自分事としてワクワクしているか』という言葉にハッとし」た，「自分にそんな一面があったんだなと終わってからであるが再発見できた」ということは，研修という「仕事」から離れた場で，「自分で考える時間は楽しく」なりはじめたようだ。

　だが，これは必ずしも一人で成し遂げられたことではない。

仲間からもらえた勇気

「研修というかたちで一歩踏み出す機会を与えていただき，ゲストや参加者の皆様の姿にそれぞれの『勇気』を感じて，これまでの自分自身に挑戦したいと思うことができました。」

「勇気を出して他人に話してみると，『それいいな！』と思わぬ答えが返ってきて，

第11章　「私」からはじまるコミュニティワーク

『自分の考えを話したって……』という気持ちから『話してよかった』と少し自信がつき、このマイプランで進めてみようと思えるようになりました。」

「皆さんに書いていただいたコメントは，お守りになっています‼」

「自分の発表後に1人ずつ一言メッセージを貰ったことは，うれしくて読むのが楽しみでした。」

「研修を通して，他の受講生の皆さんと繋がれたこと嬉しく思います。そして，皆さんと繋がれたことで，できるところまで社協職員でいたいなぁって思えました。」

「受講者の温かいメッセージ付箋が力になりました。自分の上司以外の人に意見を言ってもらえることで，勇気をもって上司に企画書を提出でき，意見や自分の考えがだせる様になりました。」

　この研修の大きな特色は，半年（岡山），あるいは3回（京都）のプロセスを同じメンバーで共に過ごす，だけでなく，毎回互いの発表にコメントシートを書いて贈り合う，という部分である。それは，「お守り」になるほど，「うれしくて読むのが楽しみ」なものである。また，こういうプロセスを通じて，「『それいいな！』と思わぬ答えが返ってきて，『自分の考えを話したって……』という気持ちから『話してよかった』と少し自信がつ」いたという。

　現代の日本人は自己肯定感が低い人が多いと言われるが，これは社協職員も同様である。現場で様々なだめ出しをされている中で，「上司に企画書を提出」することさえ，「勇気」が必要になり，「自分の考えを話したって……」という気持ちから，「意見や自分の考えがだせ」なくなっている。それをほどくのが，「受講者の温かいメッセージ付箋」だったのだ。

　そして，仲間からの暖かい言葉のシャワーで気持ちがほぐれ，また「ゲストや参加者の皆様の姿にそれぞれの『勇気』を感じて」，そのような「他の受講生の皆さんと繋がれたこと」がきっかけとなり，「これまでの自分自身に挑戦したいと思うことができ」，また「できるところまで社協職員でいたいなぁって思え」たのである。

208　第Ⅲ部　地域の担い手育成の可能性

これは特定の研修講師の力量ではなく，場全体が引き出した力であるといえる。

私から変わる

この研修は自己啓発セミナーではないし，心理療法の場でもない。「マイプラン」を定め，それを言語化し，実現に向けて何度も書き直すプロセスである。だが，受講者たちは結果として，自分自身の中での心的な変化も大きかったようだ。

ありのままの自分，を認める

「知識も経験も自信もなく，自分の思いもうまく言葉にできない私ですが，どんな自分も私で，等身大の自分を認めることの大切さもこの研修で学ぶことができました。」

「これまでは，一人でできることを良しとしてきたところもありましたが，自分をありのまま素直に認めて苦手なところは誰かの協力を得ることで，その時を一緒に過ごし，感動を共にできることが素晴らしいことだと思うようになりました。そこに，社協の魅力の一つがあるようにも思います。」

「私にとって一番の成果は，この研修で，社協に入って初めて『自分も含めてずっと好きになれなかった社協に入れて，働かせてもらえてきて良かった』と思えたことだ。」

「マイプランと向き合った3か月で，自分の殻を脱いで自分が変わることで現状は変わること，『どうせ無理やろなぁ……。』からのスタートでなく自分の言葉で想いを発信することで前に進めることもあるということ，自分とも周りの方とも本気で向き合う勇気が大切であること，社協の私を演じず，素の私で生きてもいいということに気付けたこと，自分なりに，悩んだり，苦しんだり，学んだり，感じたりする中で，たくさんの自分の変化が生まれた様に感じています。」

「等身大の自分を認めることの大切さ」を，この研修の柱にしたわけではない。だが研修講師やゲスト，あるいは他の受講生の語りや自分自身のマイプラ

第11章 「私」からはじまるコミュニティワーク　209

ンの言語化，それに他者からのコメントシートなどを通じて，「悩んだり，苦しんだり，学んだり，感じたりする」プロセスに身を置いた。その中で，「自分をありのまま素直に認めて苦手なところは誰かの協力を得ることで，その時を一緒に過ごし，感動を共にできることが素晴らしいことだと思う」ようになったという。これは「建前」としての社協職員を「演じず」，「本音」としての「素の私で生きてもいいということに気付けた」のである。

それは，「一人でできることを良しとしてきた」「『どうせ無理やろなぁ……。』からのスタート」をする「社協の私」との決別，でもある。しかし，そのような「等身大の自分を認める」ことによって，「『自分も含めてずっと好きになれなかった社協に入れて，働かせてもらえてきて良かった』と思えた」のであり，「社協の魅力」を再発見する事にもつながったのだ。先の「自分と向き合うことは，時に自分を殺しかねない」という言葉は，「建前」の「社協の私」を「殺」すプロセスを通じて，「等身大の自分」を認め，だからこそ「等身大の社協」も好きになれたのかも，しれない。

そんな受講者たちが獲得したものとは，何だったのだろうか。

私から変わる

「誰かの声を聞きたいと思ったら私のことも分かってもらうように，地域を受け止めたいと思ったら地域に受け入れてもらうように，互いに分かち合い一緒に変わっていこうとすることが大切で，そのために足りないことは，自分から始めること，発信することだと思いました。」

「『自分の好きなことが地域で活かせないかな？』と竹端先生やゲストの方がお話ししてくださったことに，驚きました。ひそかに私が考えていた地域づくりのマイプランは，町民文化祭で町おこしだったのです。福祉で可能なのか，可能だとしても私では無理だと思っていました。人のお話を伺うなかで，仕事に関係なく私の夢に共感してくださる方を見つけられたらうれしいです。」

「まず自分の目標を決めて，その目標を達成するためには既成概念にとらわれず，あらゆる手段を模索してがむしゃらに動くことが大切だと感じました。」

> 「課題ありきとはいえ，その過程をきちんとするためには，『殻を破り，まず自分から変わる』という意識が必要であり，その意識を少しでも持てた！と自分で言う事ができる今の現状をみると，自分自身何か変わったというより，自分のことを考えることができるようになったと言ったほうがいいような気がする。」

　「自分自身何か変わったというより，自分のことを考えることができるようになった」というのが，最も簡潔にポイントを突いている答えだろう。「既成概念にとらわれず，あらゆる手段を模索してがむしゃらに動くこと」や「自分から始めること，発信すること」が大切だという気づき。これは，「仕事に関係なく私の夢に共感してくださる方を見つけられたらうれしい」という言葉に代表されるように，「私が○○したい」という内発的動機や欲求とつながってこそ，動き始める何か，である。「殻を破り，まず自分から変わる」とは，このような「我が事」としての内発的動機や欲求を持ち，「互いに分かち合い一緒に変わっていこうとする」プロセスに身を投じることでもある。

　そんなプロセスに身を投じたからこそ，見えてくる風景もある。

> **その後の私**
> 「あの研修から，もう一段と『今』を楽しんでいる自分がいます。」
> 「研修が終わってからも，心がゆらゆらと揺れているようです。日々悩んだり落ち込んだりすることのほうが多いですが，小さくても誰かの生きる力が膨らむような何かができたらと，前を向いていきたいです。」
> 「自分の意見や企画をだすことによって違うしんどさを味わっています。けど，決して後ろ向きではなく，前向きなしんどさです。」

　たった３回や半年で，人生ががらりと変わるわけではない。「心がゆらゆらと揺れている」のも，偽らざる現実だろう。だが，にもかかわらず，「もう一段と『今』を楽んでいる自分」を見つけたり，「前向きなしんどさ」を味わっている。

　これこそ，「小さくても誰かの生きる力が膨らむような何かができたらと，

前を向いていきたい」という希望である。そしてカリスマワーカーでなくても，地域の有名人でなくても，この「前を向いていきたい」という希望こそが，地域を育てていく大きな原動力になるのである。

2　コミュニティワークへ

既存のアプローチの限界

　この本は，地域における福祉的課題の解決というテーマについて議論している本である。社会福祉協議会の組織論や今後の方向性を提示するための本ではない。なのに，どうしてこれまで社協職員の変容課題について論じてきたのか。それは，彼女ら彼らの語りの中に，今の地域福祉の課題や，既存のアプローチの限界も内包されているから，と考えるからである。

> 「これまで介護保険制度という大きな枠組みからは抜けることはできないと漠然と考えていたものですから，仕事が窮屈に感じていたのも事実でした。」

　「介護保険制度」という言葉は，「地域包括ケアシステム」，「我が事・丸ごと」などと入れ替えても，全く同じことが言える。国が指し示した「制度という大きな枠組み」は，支援者の思考を「枠組みからは抜けることはできない」という形で規定し，縛っている。実は「仕事が窮屈」なのは，その「枠組み」に縛られる事による「窮屈」さなのだが，日々の仕事に忙しいと，その「制度という大きな枠組み」そのものが，「抜けることはできない」暗黙の前提となり，それ自体へ疑問を持つという発想から遠ざかってしまう。

> 「自分と輝いている人との違いは，自分にきちんと問いかけ，それを実行していくかどうかなのかなとも感じた。今まで自分が問いかけをしていなかったわけではないが，まだまだ自分と向き合えてなかったと思う。」

　なぜ「自分と向き合」う必要があるのか。それは，自分がどのような「制度

という大きな枠組みからは抜けることはできないと漠然と考えてい」るかを自覚し，どうしたらそこから「抜けること」が可能か，をも「自分にきちんと問いかけ」ることが，地域福祉の実践において必要不可欠だからである。「地域包括ケアシステム」や「我が事丸ごと」も，厚労省が提起する時点で，厚労省が定めた「大きな枠組み」である。だが，住民はその「大きな枠組み」に従う義務も必然性もない。であれば，「地域福祉の推進」をミッションに掲げた社協職員であっても，住民が納得して協働できるような「枠組み」を住民と共に創り上げていく必要があるのである。そのためには，まず「自分にきちんと問いかけ」る必要があるのだ。

このことに関連して，僕自身がこの学校でも必ず伝えている，学びの3つの段階について触れておこう。[(2)]

> ① 自分の行為のすべてを注意深く観察せよ，
>
> ② 人の伝えようとしていることを聞け，
>
> ③ 自分のあり方を改めよ。

一般に「学習」と言われているものは，②と③のことを指す場合が多い。だが安冨歩は，ドラッカーも論語も伝えている本当の学びとは「①自分の行為のすべてを注意深く観察せよ」から始まる，と指摘している。これは「自分と向き合」うことそのものである。ここを抜かして②と③をしても，その学びは本質的なものにならない。なぜならそれは自分自身の実存とアクセスしていないからだ。「社協の私を演じず，素の私で生き」る，ためには，まず「素の私」として①のプロセスに身を投じる必要があるのである。

だが残念ながら現状では，地域福祉に関わるアクターは「社協の私を演」じており，「素の私で生き」てはいない。そして，地域福祉に関する研修も，僕が見聞きする限り，「知識，技術，経験」を高めることを通じて，「仕事を遂行」するスキルを高める研修である。もちろん，それでスキルは上がるのかもしれないが，「大きな枠組みからは抜けることはできない」。一方で，地域住民は介護保険や地域福祉などの「大きな枠組み」を知らないし，そもそも興味関

心すら，もってはいない。そんな中で，「私のことも分かってもらう」「地域に受け入れてもらう」という「素の私で生き」ずに，「社協の私を演」じているだけでは，他人の心に届かない。自分自身が変容していないのに，他人は変わるはずがないのである。

「①自分の行為のすべてを注意深く観察」することなしに，研修でたくさん立派な「②人の伝えようとしていることを聞」いたところで，「③自分のあり方を改め」ることはできず，結果として地域課題は解決しないのである。それが，既存のアプローチの限界である，とも整理できる。

地域福祉という「大きな枠組み」

近年，地域包括ケアシステム推進や「我が事・丸ごと」の資料などで，コミュニティソーシャルワークという文言を見聞きする。一方で，本書が副題としているのは，コミュニティワークである。まず，この2つはどう違うのだろうか。僕は以前，この2つを次のように定義したことがある。[3]

○地域福祉実践（コミュニティソーシャルワーク）

福祉的課題を抱える人びとに寄り添い，その人びとを直接的に支える仕組み作り。個別課題を「その地域における解決困難事例」として「変換」し，地域住民と課題を共有しながら，その地域課題を解決・予防していく仕組みをも作り上げていく。

○地域活動支援（コミュニティワーク）

共同体の弱体化，商店街や地場産業の斜陽，耕作放棄地や限界集落，里山の崩壊や獣害，公共事業・補助金依存型の限界，外国籍やひきこもりの人びとの居場所のなさ…。これらの様々な地域の問題と地域福祉課題を関連づけ，住民たちが「自分たちの問題だ」と意識化するのを支援する。住民たちが，より大きな地図の中で，領域を超え，使えるものは何でも使い，地域の中で，様々な課題を有機的に解決するための方策を考え，実践するのを後押しする。

地域福祉実践（コミュニティソーシャルワーク）とは，地域の中での福祉実践

である。一方で，地域活動支援（コミュニティワーク）とは，福祉だけでなく様々な地域課題を解決するための活動支援である。地域福祉領域で働く人は，社協職員だけでなく，地域包括支援センターや自治体職員であっても，当然のことながら地域福祉実践こそ，自分たちのすべき課題である，と認識しているはずである。

　だがこの大きな枠組みは，いつのころからか抜けることはできない，窮屈な足かせ，とはなっていないだろうか。本書第**2**章では厚生労働省が「我が事・丸ごと」の指針の中で，地域福祉のいっそうの推進を目指すと言いながら，その財源は社会福祉法人の地域貢献や共同募金，寄付などの自主財源を捻出せよ，と「丸ごと丸投げ」のようなことを言い出していることを指摘した。これは，厚生労働省が単独で予算を取ってこようとしても，財務省には拒否されたため無い袖は振れぬ，という事態になっているということでもある。だが，そもそもそのような無い袖は振れぬ窮屈さ，とは，地域福祉という大きな枠組みを絶対に変えられない原則，と見立てているからである。しかし，日本の地域福祉の原点的な教科書では，決してそんなことは言っていない。[(4)]

> もし問題の徹底的解決をめざすのであれば，対象者個人に対する援助と同時に，問題発生の根源である地域社会の社会構造や社会関係の欠陥に迫るような福祉活動が必要となるであろう。つまり，対象者に対する個別的援助ないしケースワークを中心とする社会福祉サービスだけでは問題の解決にとって不十分であって，対象者をとりまく地域社会そのものを直接の対象とする社会福祉の方法がなくてはならない。そこにケースワークをも含めた高次の社会福祉概念としての「地域福祉」という新しい接近法が要求せられるのである。

　「問題発生の根源である地域社会の社会構造や社会関係の欠陥に迫るような福祉活動」とは，一体どのようなものか。それは，社会を個人と置き換えてみればわかりやすい。個人の構造や関係の欠陥に迫るとは，これまで見てきたような自分と向き合うプロセスそのものである。ということは，「地域社会の社会構造や社会関係の欠陥に迫るような福祉活動」とは，その地域社会そのもの

第**11**章　「私」からはじまるコミュニティワーク

と向き合い，その構造やそこで生起する関係を摑み，欠陥をも見抜いた上で，その地域社会が変容していくことを後押しする活動のことを指す。

　これは，単に「個別的援助」をしているだけで機能するものではない。問題発生の根源に向き合うことで，「問題の徹底的解決をめざす」のである。その時，地域福祉の制度という大きな枠組みが解決策でなく，問題の一部分となっているなら，この「枠組み」そのものを疑うことが求められているのである。この「枠組みへの疑い」を，実際の地域福祉の先駆者たちが実践していることは，本書第**2**章でも述べた通りである。ただ，いきなり大きな枠組みと闘っても玉砕するだけである。そこで，この「学校」の受講者たちが試みたのが，小さな成功の積み重ねであった。「地域福祉実践（コミュニティソーシャルワーク）」を正攻法で実現する前に，まずはその主体者が地域の中で活動してみる，という「地域活動支援（コミュニティワーク）」の経験値を積む，ということである。その軌跡は，本書に出てくる岡山での「学校」第1期生の活動記録から浮かび上がってくる。

地域で何とかする，ということ

　コミュニティ「ソーシャル」ワークを本気で実現するために，その前に一度コミュニティワークの世界に飛び込んでみる。これは，京都よりも1年先にスタートした岡山の「学校」での第1期生，難波さんと森さんの実践にも共通するプロセスである。第**6**章と第**7**章に書かれた2人の報告に基づきながら，この論点を深めていきたい。

　難波さんも森さんも，この「学校」に参加した理由は，「心身ともに疲弊していた」（難波），「心のどこかでモヤモヤがあった」（森）という不全感や疲弊感であった。これは，「制度によって分断されて生きづらさを感じている」（森）ことに関する疑問であり，「常に人材不足の現場で同じ業務をこなす」「地域とのつながりもない閉鎖的な現場」（難波）に対する憤りだった。つまり，働く福祉現場への「諦め感」への反発（難波）や「なぜ」（森）が原点だった。

　当初2人が出したマイプランには，「福祉現場の離職防止」（難波）と「田畑

で何かできたらいいな」（森）といった原点に関わる内容が書かれていた。だが，二人のプロセスで興味深いのは，いきなり制度や職場体制といった大きな問題の解決へと向かわなかったことだ。そうではなくて，「職場，家庭以外のサードプレイスをつくること」（難波）や「総社市社会福祉士会の結成」（森）へと，マイプランが変容していった。

なぜこの2人はマイプランを変更したのか。制度や職場体制といった大きな問題を放棄したのか。いや，そうではないことは，2人の章をお読みくださった方ならお気づきのはずだ。2人は，大きな問題を忘れたのでも放り出したのでもなく，その前に，まず自分自身の「○○したい」という内発的動機に基づき，「ないものねだりでなく，あるもの探しをしよう」（難波），「やらされるではなくやりたいをやる」（森），という等身大のテーマに取り組んだのである。等身大のテーマとは，その時の自分が努力すれば実現可能な，小さな成功と言い換えてもよい。

また，「小さな成功」に至る中で，多くの発見や経験値を得る事ができる。難波さんにとっては，これまで距離があった「祖父母の思い出」の再解釈であり，祖父母や父の記憶が残る「足守」との再会である。森さんにとっては，先輩ばっかりの組織で代表として「自分に何ができるんやろ」というリーダーの壁と，組織と自分のやりたいことの混在の壁をどう乗り越えるか，である。このような「壁」を乗り越えたり，「再解釈や再会」という捉え直しの中で，2人のプランが大きく飛躍する。

これは「冒険物語」に共通する一つのパターンと非常に似ている。現状に満足していなかった主人公は，自分の知らない世界に旅に出て，様々な障壁を一つずつ乗り越える中で，勇気や自信を獲得し，やがて大きな成功へと導かれる，というパターンである。[5]難波さんや森さんが遭遇した「障壁」も，「小さな成功」体験を積み重ねる上での，必要不可欠な「障壁」だったのかもしれない。

そして，「お勝手ふらふら」や「あしもり酒場」（難波），「総シャル meeting」や「町屋 de トーク」（森）といった，自らが主人公となる，「あるもの探し」の中から「やりたいをやる」プロジェクトを成功させて行く中で，2人は

第11章　「私」からはじまるコミュニティワーク

その経験を，もともとこの「学校」を受講する動機だった制度や職場へと結びつけていく。難波さんは施設のお祭りという場をチャンスと捉え，「自分のしたいから職場のしたいへ」を実現することができた。森さんは，ある地区での集いの場を作るにあたって，黒子としての包括職員ではなく，「僕も住民の一人やで」というスタンスで「住民と"共に"汗を流す」ことをしはじめた。

　難波さんも森さんも，当初は，どちらかといえばガッツはあるけど不完全燃焼，というタイプだった。それは２人のきっかけをお読みいただけるとわかると思う。だが，この「学校」で「マイプラン」を何度も何度も出しながら，尾野さんや竹端，ゲストや受講生との対話を繰り返し，自分は何をしたいのかを自問自答しながら言語化するプロセスと，それを形にするための「小さな実践→小さな成功体験」を積み上げる中で，上述のような「壁を乗り越える」「再解釈や再会」経験を果たす中で，実力を付けていった。それを地域の中で，特にソーシャルとか福祉に限定せず，やりたいことをあるもの探しで積み上げいったからこそ，ごく自然に実現できた。そして，それらの地域活動の積み重ねがあって，ようやく元々の動機である地域福祉実践へのアクションやチャレンジに切り込み，成果を上げていったのである。

　難波さんや森さんは，地域の中で「自分のしたいこと」を模索することからスタートした。最初から地域福祉という大きな枠組みの中で一部分を担おう，としていない。「自分のしたいこと」を地域の中で実践していく中で，それがたまたま地域×福祉となっただけ，である。ただ，「自分のしたいこと」なので，福祉だけに限定されない。たとえば在住外国人問題や古民家の再生，街場でのコミュニティ酒場など，地域×「○○」，の枠はどんどん広がっていく。難波さんも森さんも，福祉に限定されず，地域の中で「自分のしたいこと」をどんどん実現していく。この嗅覚のようなものが，「地域で何とかする」という本質である。

　それは，国が「地域包括ケアシステム」や「我が事・丸ごと」を推奨するからという，他者の枠組みに規定された，外発的動機ではない。自分が「○○したい」という内発的動機である。ただ，それは私一人の個人的願望からスター

トするのかもしれないが，やがて地域の中で，「それ，いいね」「なんだか面白そうだね」という共感や理解の輪が広がり，個人的な活動が社会性を帯びてくる。でも，業務や制度の範囲内，ではなく，あくまでも自発的活動なので，「無理しない」で自分のしたいことを形にしていく。それが，「地域で何とかする，ということ」の本質なのだと思う。

ソーシャルや福祉，という枠を外す

以前，ここまでの内容の一部をとある学会で発表させて頂いたところ，ご自身も「カリスマワーカー」出身で，今は地域福祉の教鞭を執っておられる研究者の大先輩から，①「無理しない，という言葉が，気になっている。社協の職員は，そもそも無理をしていない。理論を知らない。だから，無理して頑張って理論を学ばないと，変わらないのではないか」，②「個人の問題，というより，社協組織全体の問題ではないのか」という２つの質問をいただいた。この質問は本質的な問いであり，これまでの論考とも大きく関わっているので，ここではこの問いに答えながら，本章をまとめていきたい。

まず，①の現場職員は「そもそも無理をしていない」のではないか，という問いであるが，これまで取り上げた社協職員の語りをお読み頂ければわかるとおり，福祉現場とは「無理」をすることが構造的に制約されている環境である。「こうしないといけない。今までのこうしてきた流れがあるから同じようにしておこう」「『やりたいからやる！』ではなく『やらされている』とさえ思ってしまっている」という言葉からもわかるように，開拓性や即応性，柔軟性を発揮することが疎外された環境に置かれてきたのだ。それは社協職員だけでなく，施設や包括で働く難波さんや森さんの語りにも共通している。そういう意味では，②「個人の問題，というより，社協組織全体の問題ではないのか」という指摘はもっともである。これは，「個人の問題」ではなく福祉の「組織全体の問題」である。ここまでは質問者と共通した問題意識を持っている。

だが，ご指摘いただいた先達と僕たちの最も認識が異なるところは，「無理して頑張って理論を学ばないと，変わらないのではないか」という部分である。

第11章　「私」からはじまるコミュニティワーク

確かに，介護保険の制度化や社会福祉士の国家資格化以前から一人職現場で地域を切り開いてきたカリスマワーカーたちは，社会資源も何もない中で，「無理して頑張って理論を学ばないと，変わらない」という危機意識を持って，自分や現場を切り拓いてきた。これは，本書第**2**章でも述べた，僕自身の博論調査でPSW117名への聞き取り調査をした中でも，痛感したことであり，その先達の開拓した道のりには敬意を表したい。とはいえ，その先達・カリスマたちの切り拓いた時代とは，社会資源も状況も大きく異なる，というのが現実である。

「無いものを作る，制度は後からできてくる」というのは，今も昔も変わらない。一方で，無理をして「24時間働けますか」という姿勢で現場にのめり込んでいったワーカーの中には，家庭を犠牲にしたり，身体をこわしたり，何らかの自己犠牲を代償とした人も少なくない。あるいは超人的な体力気力で乗り切ったスーパーマン（ウーマン）とか。でも，それではカリスマワーカー一人が成功しても，後に続かないのである。それは，その地域の中では，「あの人がいなくなってしまえばオシマイ」の壁，である。これでは，持続可能性が担保されない。

だからこそ，僕たちの学校では「無理しない」と名乗り続けた。とはいえ，ここまでの難波さんや森さんの章，あるいは「社協職員の変容プロセス」をお読みいただければわかるように，実際にマイプランを書き換えていくプロセスは，ご本人たちにとって決して楽ではなかった。それはガチンコで「自分と向き合う」プロセスだから，である。しかし，「無理して頑張って理論を学ぶ」というのが外発的動機であるとすると，僕たちの学校では，マイプランで探ったのは，自分の「〇〇したい」を探す，という内発的動機を重視した。

それでは甘っちょろい！　という批判を浴びるかもしれない。だが，難波さんや森さんの変容プロセスで明らかなように，「〇〇すべき・しなければならない」という外発的動機だけでは，大きな枠組みを崩すことはできないのだ。だからこそ，職場や制度の壁，という大きな枠組みの問題に取り組む前に，まずは自分の「〇〇したい」を明らかにし，それを一つずつ形にしていく小さな

成功体験の積み重ねの中から，自信や勇気を獲得する。そのプロセスを経た上
で，ある程度の実力が付いた段階で，大きな枠組みとも少しずつ向き合う。し
かも，無理をして「すべき・しなければならない」に囚われず，その大きな枠
組みを少しずつズラし，変容させていくような「○○したい」を，自分が変え
たい現場に放り込んでいく。それこそが，地域活動支援（コミュニティワーク）
の醍醐味なのである。

　これに関連して，イギリスの定評あるコミュニティワークの教科書は，その
定義を次のように述べている。⁽⁶⁾

> 私にとって，コミュニティワーク（とくに community development work：
> まちづくりの仕事）について考え始めるのに最もよいやり方とは，この仕事を，
> 人々が自律的で集合的な行動を行う事によって，自分のコミュニティをより良く
> するのを支援するプロセスにある，と考えることである。

　森さんや難波さんの実践とは，まさに2人が「自律的で集合的な行動を行う
事によって，自分のコミュニティをより良くする」活動そのものであった。そ
して，自分たちがそれを実践した経験があるから，他の人がそうしようとする
時に「支援するプロセス」にも入ることができるのである。

　誰だって，自分が体験したことのないものを，他人に勧めることはできない。
岡村重夫のいう「問題発生の根源である地域社会の社会構造や社会関係の欠陥
に迫るような福祉活動」を実際にソーシャルワーカーが実現するためには，ま
ず自分自身で「地域社会の社会構造や社会関係の欠陥に迫る」経験をしないと
ならない。だから，先達は「無理して頑張って理論を学」んできた。しかし，
僕たちの「学校」がそこで目指すのは，「無理しない」形で，自分の「○○し
たい」と結びつけて，いきなり福祉の制度や組織を変えるのが難しければ，ま
ずは「地域社会の社会構造や社会関係」を学び，そこに関与し，硬直した構造
や関係に小さな風穴をあける体験をしてみる，ということである。それが，先
ほどから何度も述べて来た小さな成功体験である。

　その成功体験をするにあたって，コミュニティ「ソーシャル」ワークや地域

第11章　「私」からはじまるコミュニティワーク　221

「福祉」の，「ソーシャル」や「福祉」がハードルになっている。それは，社会正義や善という価値観が結びついた，高尚で手の届きにくい崇高な課題にみえるからである。

だからこそ，いったん「ソーシャル」や「福祉」という大義を横に置いておいて，まずは地域の中で，我が事として「○○したい」を実現するプロセスに，マイプランや「学校」というツールを用いて飛び込んでみる。このプロセスとは，「自分のコミュニティをより良くする」ための「自律的で集合的な行動を行う」実践的な「練習」なのである。そして，現場でのOJT的な練習を積み重ねる中で，「無理して頑張」らなくとも個人が変わり，その個人の変容は，組織的変容へとやがてつながってくるのである。それこそ，これからの「地域づくり」で求められているプロセスそのものである，とも言えるだろう。

地域の事を考える一人の人間として

最後に，先に定義しておきながらその詳細に触れなかったコミュニティワークの僕なりの整理について，触れておきたい。下に再掲する。

○地域活動支援（コミュニティワーク）
共同体の弱体化，商店街や地場産業の斜陽，耕作放棄地や限界集落，里山の崩壊や獣害，公共事業・補助金依存型の限界，外国籍やひきこもりの人びとの居場所のなさ…。これらの様々な地域の問題と地域福祉課題を関連づけ，住民たちが「自分たちの問題だ」と意識化するのを支援する。住民たちが，より大きな地図の中で，領域を超え，使えるものは何でも使い，地域の中で，様々な課題を有機的に解決するための方策を考え，実践するのを後押しする。

僕がコミュニティワークについて自分なりに定義しようと思った時に，真っ先に思い浮かべたのが，2012年の春に出会っていた尾野寛明さんだった。

彼は，もともと地域福祉を志したわけではない。ただ，自分がしたい古本屋を，島根県の過疎地に移してみたら，様々な地域課題と出合い，その一つとして福祉的就労問題が持ち込まれたのである。ただ，それを「福祉」「環境」「農

業」「商工」と課題別，所管省庁別に切り分けて考えず，地域の課題なのだから地域の一員として解決に協力したいと思って関連づけ，実践の中に取り入れてきたのである。

　つまり，地域住民にとっては，「福祉」や「環境」，「農業」や「商工」という「ラベル」がなくても，特に過疎地では様々な問題が「自分たちの問題」であり，少ない人数で解決しようとするなら，領域別とか所管省庁別に分別する暇も余裕もないのである。だからこそ，「より大きな地図の中で，領域を超え，使えるものは何でも使い，地域の中で，様々な課題を有機的に解決するための方策を考え，実践する」。それが尾野氏のプロセスそのものであった（くわしくは第**10**章を参照）。

　僕はこの彼のプロセスに触れたとき，コミュニティソーシャルワークに欠けている視点はまさにここだ，と思った。「福祉」しか扱わないという，対象や業務を限定した取り組み方は，人口の多い大都市では，それでも役立つだろう。でも，人口が7万とか5万以下の小規模人口の自治体（たとえば山梨県内の半数以上の自治体）では，そもそも動けるプレーヤーが限られているのである。

　たとえば「地域おこし協力隊」と「地域包括支援センター」は，地域力の維持・強化を図る活動という共通のミッションを持っている。しかし，一方は総務省管轄で，もう一方は厚生労働省管轄で，現場レベルでも連携が少なかったりなかったりするケースも少なくない。中山間地で地域力の維持・強化を図る活動といえば，耕作放棄地や限界集落，商店街や地場産業の斜陽も，すべて少子高齢化と人口流出，つまりは地域福祉の問題と直結している，はずである。だが，農業と商業，福祉などは，補助金を出す中央官庁が違うから，という大きな枠組みに阻まれて，現場レベルでもつながっていないのが現実なのである。そしてこの縦割りとタコツボこそ，現場の持続可能性を疎外する最大の要因なのである。

　僕たちが「学校」実践や本書を通じて読者のあなたに投げかけている問い。それは，「福祉や環境，商工やまちづくり，といった縦割りとタコツボをやめませんか？」という問いである。地域の中で，その地域の持続可能性・存続可

第11章　「私」からはじまるコミュニティワーク

能性を「我が事」として考えるためには，福祉だけを「丸ごと」考えていても，うまくいかないのである。福祉の人材は限られている。

　でも，地域を見回していれば，福祉領域以外にも，魅力的な人材は結構いるのである。そういう魅力的な人々と，「福祉のめがね」を外して，一住民として出会うことができるか。その上で，自分自身の「○○したい」を相手に伝えて，相手の「いいね」「面白そう」という興味関心を引いたり，お互いの活動に巻き込み・巻き込まれるチャンスを持てているか。これこそ，尾野さんのプロセスである「より大きな地図の中で，領域を超え，使えるものは何でも使い，地域の中で，様々な課題を有機的に解決するための方策を考え，実践する」ための必要不可欠な条件である。本書の副題も，コミュニティ「ソーシャル」ワークでも地域「福祉」でもなく，「コミュニティワーク」としたのはこの理由である。福祉のことを考える前に，地域のことを考える一人の人間として，住民のためにではなく，住民と共に，我が事で取り組めていますか，という問いでもあるのだ。

　そうはいっても地域づくりがそんなに簡単に進むわけではない。色々な障壁を前に，「心がゆらゆらと揺れ」ることの繰り返しだろう。だからこそ，「『今』を楽んでいる自分」が起点となり，「前向きなしんどさ」を味わいながら，「小さくても誰かの生きる力が膨らむような何かができたら」，これ以上の喜びはない。そんな希望をもって，「無理しない」地域づくりの学校は，マイプランや様々な対話を通じた「コミュニティワーク」における小さな成功体験を経験する機会を提供している，と言えるだろう。

注
(1)　一人ひとりの感想は，項目毎に共通する「語り」として整理され，共通項に見出しを付けた上で，それぞれの感想文から抜粋して並べている。なお，個人名が特定できないように修正をほどこしたが，それ以外はそのままの内容を抜粋している。
(2)　安冨歩（2014）『ドラッカーと論語』東洋経済新報社，24。
(3)　竹端寛（2015）「コミュニティソーシャルワークの課題」竹端寛・伊藤健次・

望月宗一郎・上田美穂編『自分たちで創る現場を変える地域包括ケアシステム：わがまちでも実現可能なレシピ』ミネルヴァ書房，175-190。

(4) 岡村重夫（1974）『地域福祉論』光生館，2-3。

(5) 僕はこのパターンを以下の本から学んだ。ジョーゼフ・キャンベル＆ビル・モイヤーズ／飛田茂雄訳（2010）『神話の力』早川書房。

(6) Twelvetrees, Alan（2008）*Community Work : Fourth Edition,* Palgrave Macmillan, 1.

〔コラム3〕

「無理しない」地域づくりの学校開催実績

平成26（2014）年度
＊全ての回に，竹端・尾野は参加
〔プレセミナー〕
日程：平成26年12月12日（金）
ゲスト：佐藤洋子さん（津山たかくら塾卒業生・管理栄養士）
参加者：0名
〔プレセミナー〕
日程：平成27年1月16日（金）
ゲスト：山脇節史さん，河原彩花さん，尾崎力弥さん
参加者：10名（社協4名，包括2名，施設職員1名，一般3名）
➡この時に，1期生となる森君，難波さんも参加

平成27（2015）年度
〔プレセミナー〕
日程：平成27年4月24日（金）
ゲスト：佐藤洋子さん（津山たかくら塾卒業生・管理栄養士），渡邊雅斗さん（NPO法人晴れ間）
参加者：11名（社協4名，包括3名，在介1名，施設職員1名，一般2名）

「無理しない」地域づくりの学校2015
（第1期）
参加者：受講生5名（社協1名，包括1名，施設職員3名），聴講生のべ44名

（プレセミナー11名，第1回10名，第2回5名，第3回5名，第4回2名，第5回6名，第6回5名）
〔第1回〕
日程：5月23日（土）13：00〜17：00
会場：pieni deux（岡山市北区出石町）
ゲスト：藤井裕也さん（NPO法人山村エンタープライズ代表理事，NPO法人だっぴ副代表理事）
〔第2回〕
日程：6月28日（日）13：00〜17：00
会場：内山下小学校（岡山市北区）
ゲスト：詩叶純子さん（ゴスペルシンガー，占い師，ボランティアコーディネーター）
〔第3回〕
日程：7月18日（土）13：00〜17：00
会場：早島町ドリームハウス（早島町）・ぬかつくるとこ
ゲスト：中野厚志さん（生活介護事業所「ぬかつくるとこ」）
〔第4回〕
日程：8月22日（土）13：00〜17：00
会場：難波亭（岡山市北区足守）
ゲスト：なし
備考：難波さんの祖父母宅（空き家），尾野欠席
〔第5回〕
日程：10月3日（土）13：00〜17：00

226　第Ⅲ部　地域の担い手育成の可能性

会場：あさくちグリーンマーケット（浅口市鴨方）
ゲスト：三井津好恵さん（㈱ヘルパーステーショングリーン）
備考：尾野教頭が塾長を務める「いかさ田舎カレッジ塾生との交流戦！」
〔第6回〕最終発表会
日程：11月7日（土）13：00～17：00
会場：長泉寺（岡山市北区）

「無理しない」地域づくりの学校2016（第2期）

参加者：受講生10名（社協3名，教員1名，施設職員5名，学生1名），聴講生のべ64名
〔第1回〕
日程：6月25日（土）11：00～15：00
会場：kamp（岡山市奉還町）
ゲスト：森亮介さん（社会福祉士），難波衣里さん（社会福祉士）
〔第2回〕
日程：7月16日（土）13：00～17：00
会場：陽なたぼっこ（赤磐市町苅田324）
ゲスト：横田都志子さん（㈱unita設計室）
〔第3回〕
日程：8月6日（土）13：00～16：00
会場：クレールエステート悠楽（倉敷市真備町有井1472）
ゲスト：多田伸志さん（NPO法人マインドこころ）
〔第4回〕
日程：9月10日（土）13：00～17：00
会場：鴨方高校（浅口市鴨方）
ゲスト：三井津好恵さん（㈱ヘルパーステーショングリーン）
備考：いかさ田舎カレッジとの交流会
〔第5回〕
日程：10月15日（土）13：30～17：30
会場：乗典寺（岡山市北区足守932）
ゲスト：矢田明子氏（NPO法人おっちラボ代表理事）
〔第6回〕最終発表会
日程：11月26日（土）13：30～17：30
会場：長泉寺（岡山市北区南方3丁目）

▷第2期第2回　　　　　　　　　▷第2期第5回

おわりに

「無理しない」!?原稿執筆

　この本の原稿執筆は「無理しない」スタンスで行こうと思ったのに，思いの外，手こずった。僕（竹端）が担当した章は，この「おわりに」も含めて，全ての章で初稿と全く異なる原稿として，書き直した。これほどまでに書き直したことはなかった。

　それは，僕自身が「研究者」や「地域福祉」，「論文」といった「枠組み」の鎧をなかなか脱ぐことができなかったからだ。だからこそ，初稿で書いた原稿はどれも編者や執筆者から不評！で，ごっそり書き直すことになった。こんな経験は初めてだ。でも裏を返すと，「立場」を超えてそれを素直に伝えてくれるチームが形成されているから，僕自身も気づけるチャンスとなった。

　このような気づけるチャンスは大人になればなるほど年々少なくなっていく。特に「大学教授」という肩書きがいったん付くと，僕の言動や原稿に「注意」してくれる人は，ほぼいなくなった。だが叱ってくれる人や，異論や反論を伝えてくれる人がいないということ自体が，一つの閉塞感かもしれない。

　そう思うと，この本をチームで作り上げるために，Zoom というオンラインミーティングを活用し，執筆者達が何度もなんども話し合ったのは，大人の学び合いのコミュニティだったのだと思う。それはあたかもマイプランにおける添削と同じように。そして，僕自身も色々なアドバイスやコメントを受け取り，それを踏まえて書き直す中で，自分が「無理をしていた」「肩肘張っていた」ことに気づくのだ。それは「無理しない」を標榜する本としては，本末転倒な事態である。そういう気づきをもらいながら，書いて，書き直す中で，少しずつ，お互いのストーリーが共鳴していった。

「水平の対話」と「垂直の対話」

このような，執筆者同士で腹を割って，何度もなんども話し合いながら，一つの原稿を作り上げていくプロセス。これは文字通り，お互いが対等な立ち位置で，自分の意見を相手にぶつけ，相手の意見を受け取って自分自身の書く内容にも取り入れていく，という意味で，「水平の対話」である。だが，僕が最近学びつつあるオープンダイアローグ⁽¹⁾という考え方では，もう一つ大切な対話がある。それが，「垂直の対話」である。

「垂直の対話」とは何か。それは，自分自身の「内なる声」との対話である。たとえば，僕が自分の原稿にだめ出しを食らった時に，「面倒くさいなぁ」「え，この原稿ではダメなの？」という想いがあふれ出す。これこそ，自分の「内なる声」そのものである。だが，この素朴な感情をそのまま相手にぶつけても，それは真の対話にはならない。なぜなら，他人にぶつける前に，まず自分自身との間でしっかりと対話する必要のある，「生の感情」であるからだ。

「確かに原稿を書き直すのは面倒くさいなぁ」「でも，彼がわざわざ僕にそう伝えてくれる，ということは，何かを僕は気づかなければダメなんじゃないか」「せっかく書き上げたのに，頭が真っ白だ」「書き直すとしたら，何をどう書き直したら，もっと開かれた文章になるだろう」

このような，誰かの指摘や発言，何らかの出会いをきっかけに，自分の「内なる声」と対話を続け，自分自身が未分化だった・あやふやなまま放置していた・見ないように誤魔化していた……何かをしっかりと言語化していく中で，少しずつ，以前より，一歩でも二歩でもクリアになることがある。それを元に，さらに「水平の対話」を重ねていくと，以前とは違う新たな対話がはじまり，気づきや発見にもつながる。そういう意味では，この本は著者一同の「マイプラン」の暫定版なのかも，しれない。

一人の人間として

編者の一人，西村さんは，僕が書き直す前の（「不評」だった）「おわりに」

おわりに 229

への「コメント」メールの中で，こんな興味深いことを書いてくれていた。

> 普通の人々が，地域づくりに向き合うプロセスにこそ，専門職が，我が事として，地域づくりに向き合うためのヒントがあった。なぜなら，私たちは，専門職である前に，一人の人間なのだから。
> 書いてしまえば，単純なこの事実に，地域福祉の世界は，気づいていなかった。いや，気づいていても，そこに何か大きな意味やヒントを見いだしてはこなかった。大きな盲点だった。
> もしかしたら，これまでの地域福祉の専門性を高めるためにしていた取り組み，たとえばカリスマ的なコミュニティソーシャルワーカーを，地域福祉の専門職のあるべき像に掲げていたことなどが，皮肉にも，専門職の，地域課題に対する我が事意識を遠ざけていたかもしれない。

そう，彼の言うとおりなのだ。僕たちはこれまで，向かっている方向を間違っていたのだ。「カリスマワーカーの候補者を育てる」という方向性は，「地域課題に対する我が事意識を遠ざけていた」のである。「専門職である前に，一人の人間」である。この単純な事実と，マイプラン作成を通じて改めて出合っていったからこそ，多くの受講生の間に，真の対話が生まれていった。そして本書作成のプロセスそのものが，「専門職である前に，一人の人間」という等身大に立ち戻り，そこからスタートするための地盤整備だったのかもしれない。

たくさんの方々に支えられて

本書ができあがるまでには，実に多くの方々の暖かい応援をいただくことができました。

まずは，これまで岡山や京都の講座を受講してくださった受講生のみなさん。みなさんとの出会いと対話の中で，この本が必要とされている現場のリアリティを，お互いが学び合うことができました。またそのための触媒役を担ってくださった毎回のゲストのみなさん，そして「コンクリート禁止」というルール故に出会えた素敵な開催場所の提供者のみなさんにも，心から御礼を申しあげ

ます。

　監修をしてくださった岡山県社会福祉協議会さんは，執筆者たちの，ある種の「規格外」の試みを，やきもきしながらも応援して見守っていただき，本当にありがとうございました。おかげで，丸3年でこの本を作成するまでに，プロセスを積み上げることができました。京都府社会福祉協議会さんも，岡山のセミナーに触発され，2016年度から講座を開催してくださいました。私たちの活動は，この二つの府県社協の動きが重なることで，複眼的でより普遍的になり始めたと感謝しています。

　ミネルヴァ書房の北坂恭子さんは，文字通り「海のものとも山のものともつかぬ」本書に期待して，出版化へ強力に後押ししていただきました。編集者としてのご助力に感謝します。

　この学校を「無理せず」持続可能なものにするために，私たちの取り組みは，これからも柔軟で臨機応変に変化していくと思います。あくまでも「専門職である前に，一人の人間」として，お互いが学び合い，一人ひとりが成長していくプロセスを，これからも「ともに」作り上げていきたいと願っています。

　読者の皆さんにとって，本書が「どうせ」「しかたない」というあきらめを超えるきっかけになれば，存外の喜びです。

2017年9月末

執筆者を代表して　竹端寛

(1)　オープンダイアローグについて詳しくはセイックラ，ヤーコ＆アーンキル，トム・エーリク／高木俊介・岡田愛訳（2016）『オープンダイアローグ』日本評論社，参照。

＊本書の中の竹端執筆部分はJSPS科研費26380789および17K04268の助成を受けたものです。

〈監修者紹介〉

社会福祉法人岡山県社会福祉協議会

　1951年　設立。
　現在地　〒700-0807 岡山市北区南方2丁目13-1 きらめきプラザ3階

執筆者紹介（執筆順，所属：執筆担当，＊は編著者）

＊竹端　　寛（編著者紹介参照：はじめに，第1章，第2章，第11章，おわりに）

＊西村　洋己（編著者紹介参照：はじめに，第1章，第3章，第9章，コラム1〜3）

＊尾野　寛明（編著者紹介参照：はじめに，第1章，第4章，第5章，第10章）

　難波　衣里（社会福祉士：第6章）

　森　　亮介（地域包括支援センター社会福祉士：第7章）

　北尾　尚子（京都府社会福祉協議会：第8章（共著））

　西木　奈央（京都府社会福祉協議会：第8章（共著））

〈編著者紹介〉

竹端　寛（たけばた・ひろし）
1975年　京都府生まれ。
　　　　大阪大学大学院人間科学研究科博士課程修了。博士（人間科学）。
現　在　山梨学院大学法学部政治行政学科教授。
主　著　『枠組み外しの旅──「個性化」が変える福祉社会』青灯社，2012年。等

尾野　寛明（おの・ひろあき）
1982年　埼玉県生まれ。
　　　　一橋大学大学院商学研究科博士課程単位取得退学。修士（商学）。
現　在　有限会社エコカレッジ代表取締役。
　　　　就労継続支援A型事業所エコカレッジ代表。
主　著　『ローカルに生きる・ソーシャルに働く』（共著）農山漁村文化協会，2016年。等

西村　洋己（にしむら・ひろき）
1984年　アメリカ生まれ。
現　在　岡山県社会福祉協議会。社会福祉士。

　　　　　　　「無理しない」地域づくりの学校
　　　　　　──「私」からはじまるコミュニティワーク──

2017年12月10日　初版第1刷発行　　　　　　　　　　〈検印省略〉

　　　　　　　　　　　　　　　　　　　　定価はカバーに
　　　　　　　　　　　　　　　　　　　　表示しています

　　　　　　　　　　監 修 者　　岡山県社会福祉協議会
　　　　　　　　　　　　　　　　竹　端　　　寛
　　　　　　　　　　編 著 者　　尾　野　寛　明
　　　　　　　　　　　　　　　　西　村　洋　己
　　　　　　　　　　発 行 者　　杉　田　啓　三
　　　　　　　　　　印 刷 者　　江　戸　孝　典

　　　　　　発行所　株式会社　ミネルヴァ書房
　　　　　　　　607-8494　京都市山科区日ノ岡堤谷町1
　　　　　　　　　　　　電話代表　（075）581-5191
　　　　　　　　　　　　振替口座　01020-0-8076

© 竹端・尾野・西村ほか，2017　　　　　共同印刷工業・清水製本

ISBN978-4-623-08136-3

Printed in Japan

―――――――― 新・MINERVA 福祉ライブラリー ――――――――

竹端寛・伊藤健次・望月宗一郎・上田美穂編著
自分たちで創る現場を変える地域包括ケアシステム

A 5 判210頁本体2400円

――地域包括ケアシステムを誰がどう創っていくのか。このテーマに，
山梨県で2011年から，多職種で取り組んできて得たノウハウを満載。
正解としてのシステムをトップが示してそこに当てはめてシステム
作りをするのではなく，専門職が各現場で起きている課題の背景を
読み解き，要因を分析した上で，各現場固有の解決方策を見つけ出
していく，ボトムアップ方式を示す。カリスマリーダーがいなくて
もどの自治体でも，「自分の頭で考える」ことで実現可能なレシピ。

――――――――― ミネルヴァ書房 ―――――――――

http://www.minervashobo.co.jp/